YURI DOJC

MARBLE WOMAN

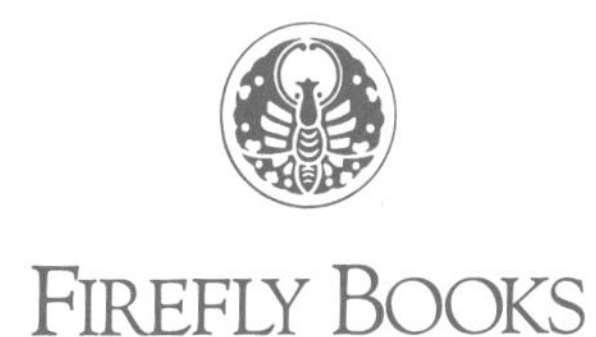

FIREFLY BOOKS

Copyright © 1993. Yuri Dojc
74 Bathurst Street, Toronto M5V 2P5 Canada

Design: Telmet Design Associates
Printing: Book Art Inc., Toronto

Canadian Cataloguing in Publication Data
Dojc, Yuri, 1946 - Marble Woman

ISBN: 1-895565-26-X
1. Photography of the nude.   2. Nude in art.
I. Title.

TR675.D65 1993   779' .21'092   C93-093486-5

A Firefly Book published by:
Firefly Books Ltd.
250 Sparks Avenue
Willowdale, ON M2H 2S4 Canada

Printed and bound in Hong Kong

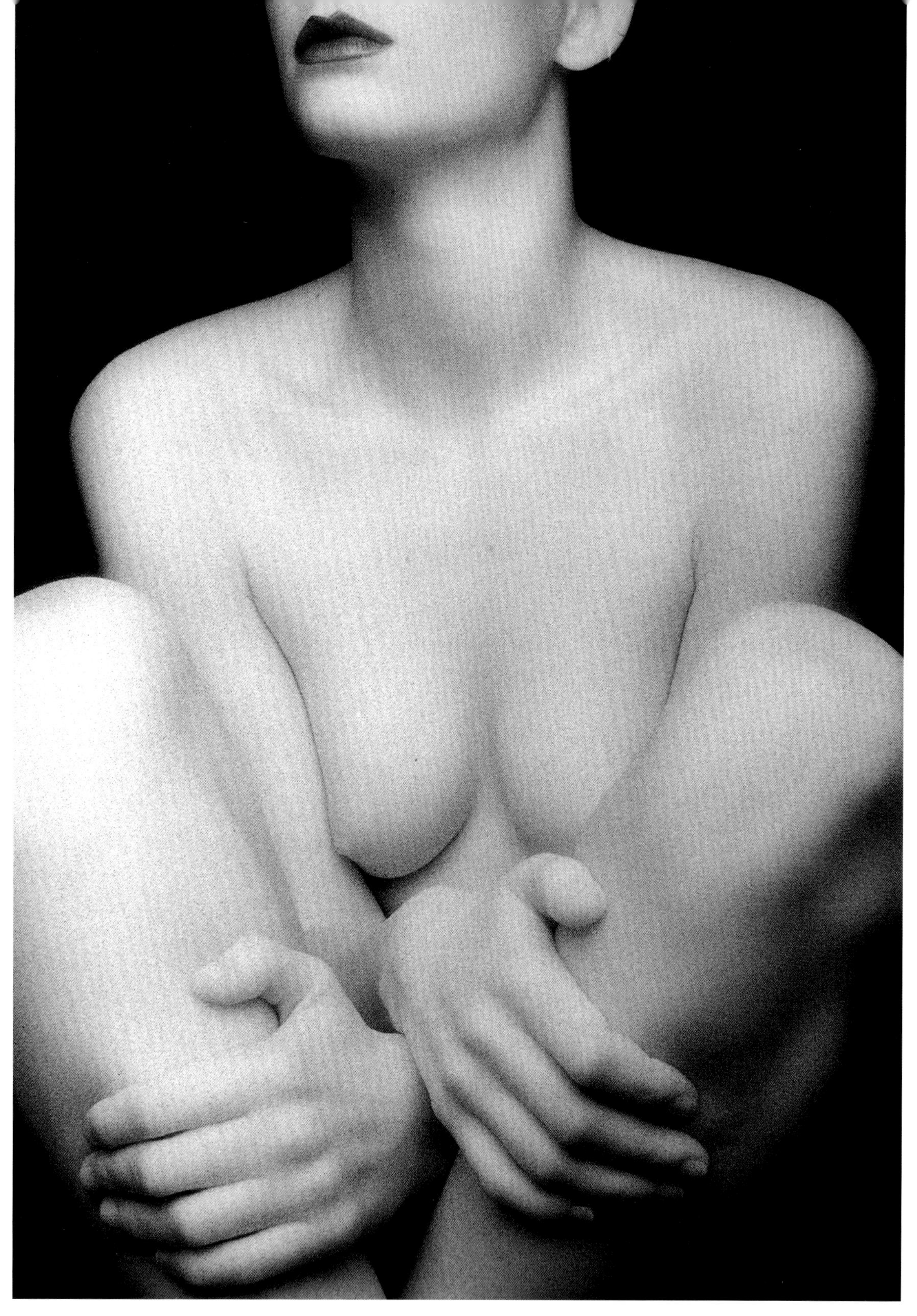

Yuri Dojc came to Canada in 1969. He was looking for freedom. He found it in photography. ❧ At the age of twenty two, Yuri was a university student in Bratislava studying psychology. When the Russian army invaded Czechoslovakia in August 1968, and the bright promise of Alexander Dubcek's government was extinguished, Dojc made a painful, bitter decision. Never a man to compromise his ideals or surrender quietly to restraints, politically or aesthetically, Yuri decided to leave the land of his birth and travel into a self-imposed exile. ❧ He chose Canada as his adopted country, arriving in Toronto on a cold, inhospitable November day. He had six dollars in his pocket, and a dream. In little over two decades in Canada, Dojc has become a major player on the photographic stage, celebrated for his bold, dramatic commercial work and increasingly attracting attention for his sensitive black and white studies which he pursues for his own personal pleasure and satisfaction. ❧ The photography of Yuri Dojc comes out of a European rather than a North American tradition. Jozef Sudek and Man Ray are among the photographers whose work he deeply admires. But there is also an important group of painters and sculptors whose philosophical influence can be seen in his work. Duchamp, Picasso, Magritte - Dojc is in love with them all. Their wacky, absurd, surreal juxtapositions of objects and ideas found sympathetic soil in his fanciful imagination and provided a solid base from which he continues to draw artistic inspiration. ❧ When Yuri first started taking pictures in Toronto, he explains that he endlessly photographed fences and piles of wood.

Looking back, he philosophizes that he believes he was suffering from a feeling of being fenced in, barricaded. Pressed as to why in a land as big as Canada, he smiles, shrugs, says that was how he felt at the time. ❧ Whatever Yuri Dojc felt in 1969, it is clear that today he feels like a very free man and a very liberated photographer . He has developed an unmistakable style of his own, colourful, stylish, often whimsical, always elegant. He has an irrepressible sense of humour which frequently bubbles up in his art. Even in the tough, demanding world of commercial art he plays with objects, has fun with colour. He has a cheerful disregard for conventional rules and conventional wisdom. He has been breaking down barriers and fences for over 20 years and he has been building his world and his images the way Yuri Dojc wants it to be. And that has made for some very fine work. ❧ With the production of this book of his nude studies, Yuri Dojc has moved into a classic arena dominated by such masters as Edward Weston and Frantisek Drtikol. And once again, Yuri Dojc has done it his way. He approaches the nude in photography with characteristic confidence, virtuosity and grace. His images are decidedly his own, never pale imitations of artists he has admired or studied. ❧ In these photographs, Dojc reveals a perceptive eye for the beauty of a line and a sensuous appreciation of the subtle tones and texture of female flesh. There is a respect, verging at times on adoration and there is the undeniable sense that these images were created by someone who clearly, deeply, even passionately, loves women. ❧   *Lorraine Monk*

Yuri Dojc arriva au Canada en 1969. Il aspirait à la liberté. C'est en la photographie qu'il l'a trouvée. ❧ A l'âge de 22 ans, Yuri était étudiant en Psychologie à l'Université de Bratislava. Au moment de l'invasion de la Tchécoslovaquie par l'armée russe en août 1968, et de l'anéantissement des grands espoirs du gouvernement d'Alexander Dubcek, Dojc se vit forcé de prendre une décision cruelle et douloureuse. Homme à ne jamais compromettre ses idéaux ou céder sans se plaindre aux contrintes - fussent-elles politiques ou esthétiques - Yuri décida de quitter sa terre natale at de s'exiler. ❧ Il fit du Canada son pays d'adoption, et arriva á Toronto par un matin de novembre froid et peu accueillant. Il ne possédait que six dollars dans sa poche. Et un rêve. ❧ Après un peu plus de vingt ans au Canada, Dojc est devenu l'un des principaux acteurs du monde de la photographie, célèbre par ses oeuvres commerciales dramatiques at audacieuses at qui suscite de plus en plus d'intérêt en raison des études sensibles en noir et blanc qu'l entreprend pour ses propres plaisir et satisfaction. La photographie de Yuri Dojc tient de la tradition européene plutôt que nord-américaine. Parmi les photographs dont il admire énormément le travail, on peut citer Jozef Sudek et Man Ray. Mais ses oevres sont également beaucoup influencées par la philosophie d'un important groupe de paintres at de sculpteurs: il s'agit de Duchamp, Picasso, Magritte - Dojc est amoureux de tous. Leurs juxtapositions farfelues, absurdes et surréalistes ont trouvé leur place dans son imagination bizarre et lui ont fourni une source solice permanente d'inspiration artistique. ❧ Au début de sa carrière de photographe à Toronto, Yuri explique qu'il photographiait sans se lasser des clôtures et des amas de bois. Lorsqu'il revient sur le passé, son interprétation philosophique est, il en est parsuadé, qu'il se sentait "enfemé", ou barricadé. Si on lui demande avec insistance comment cela peut être possible dans un pays aussi grand que le Canada, il sourit, hausse les épaules et dit que c'est ce qu'il ressentait à lépoque. ❦ Mais bien que Yuri ait eu ce sentimnent en 1969, il n'y a aucun doute qu'il est maintenant devenu un homme très libre at un photographe libéré. Il s'est développé un talent bien à lui - coloré - riche en style - souvent fantaisiste - toujours élégant. Il a un sens de l'humour irrésistible qui pétille souvent dans son art. Même dans le monde dur et exigeant de "l'art commercial", il joue avec les objets, et jongle avec les couleurs. Il se moque avec un petit sourire des règles at de la sagesse conventionnelles. Cela fait plus de 20 ans qu'il franchit les barrières et clôtures et il s'est construit ses propres univers at images à la manière de Yuri Dojc. Et le résultat en est une oeuvre très belle. ❦ Avec la production de ce livre des nus, Yuri Dojc vient de pénétrer dans une arène classique dominée par de grands maîtres tels que Edward Weston et Frantisek Drtikol. Et encore une fois, Yuri Dojc l'a fait à sa manière. Yuri Dojc aborde le nudisme dans la photographie avec une confiance en soi, une virtuosité et une grâce qui lui sont propres. Ses images ne peuvent être que les siennes, sans une ombre d'imitation d'un artiste qu'il a admiré ou étudié. ❦ Ces photographies sont la révélation de l'oeil perceptif de Dojc pour la beauté d'une ligne at une appréciation sensuelle des tons doux et de la texture de la peau de femme. On y trouve un certain respect, frôlant parfois l'adoration, et il en émane la sensation indiscutable que ces images ont été crées par quelqu'un qui, il n; y a aucun doute, aime les femmes profondément, voir même passionément. ❦

Lorraine Monk

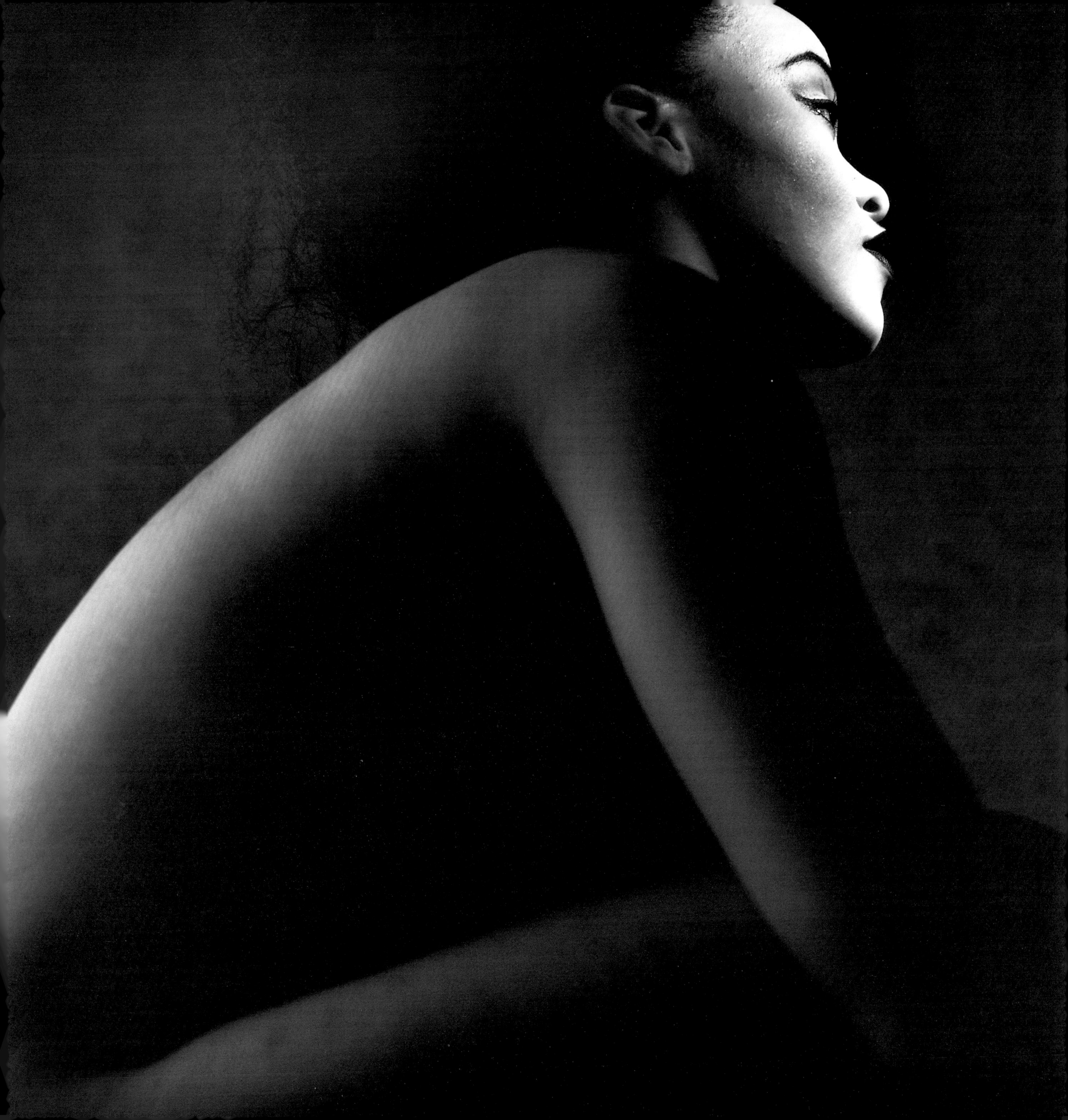

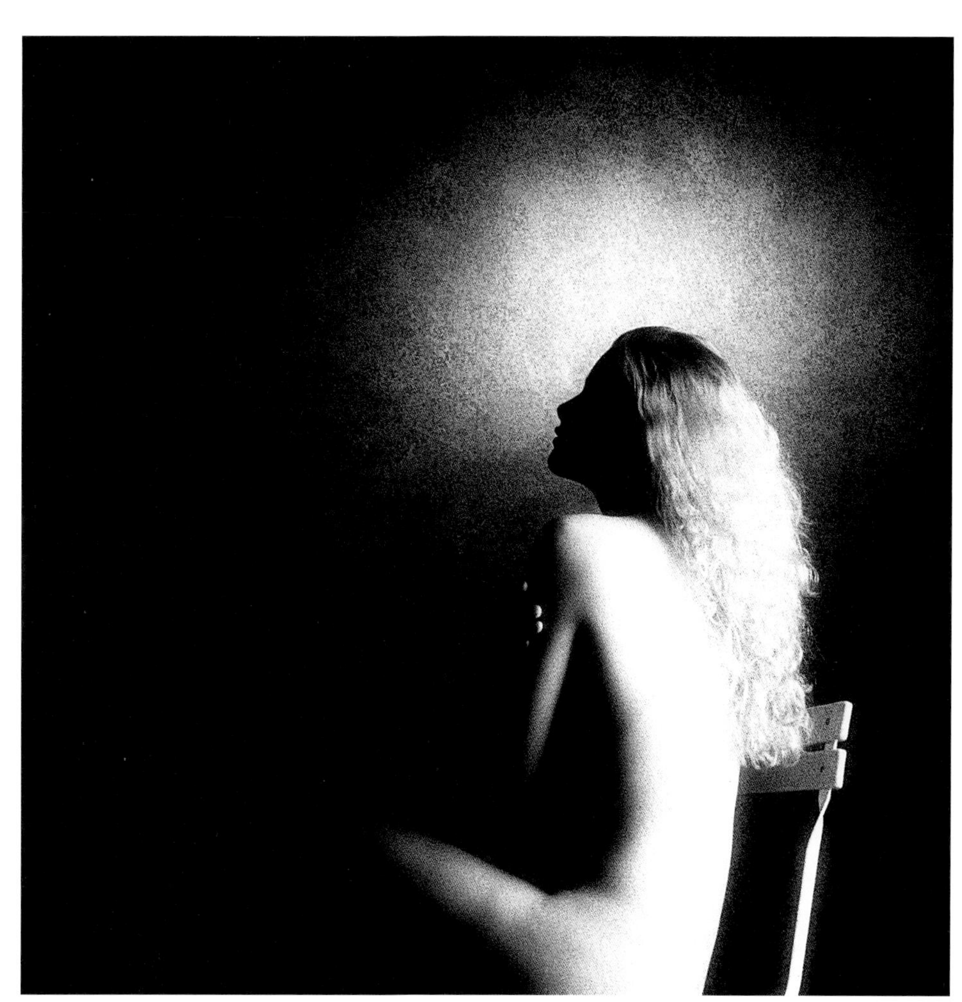

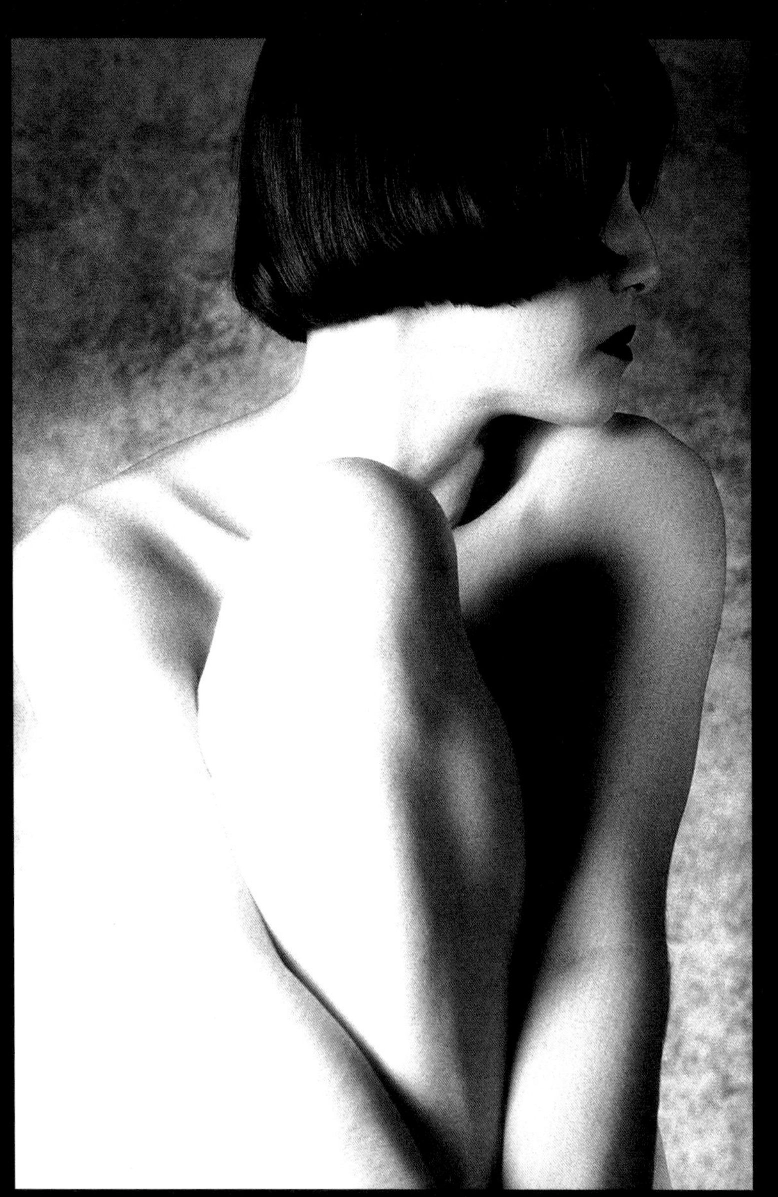

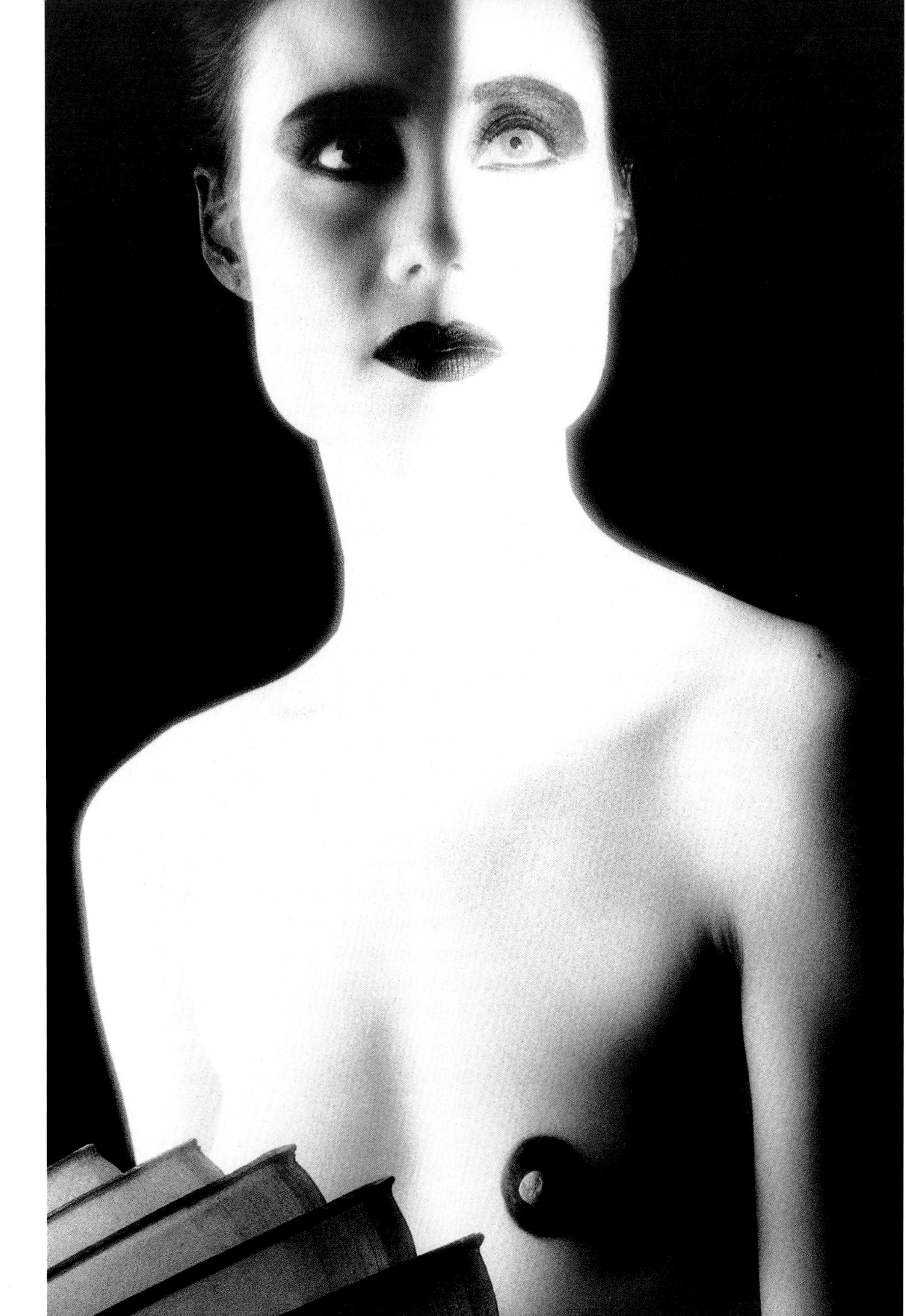

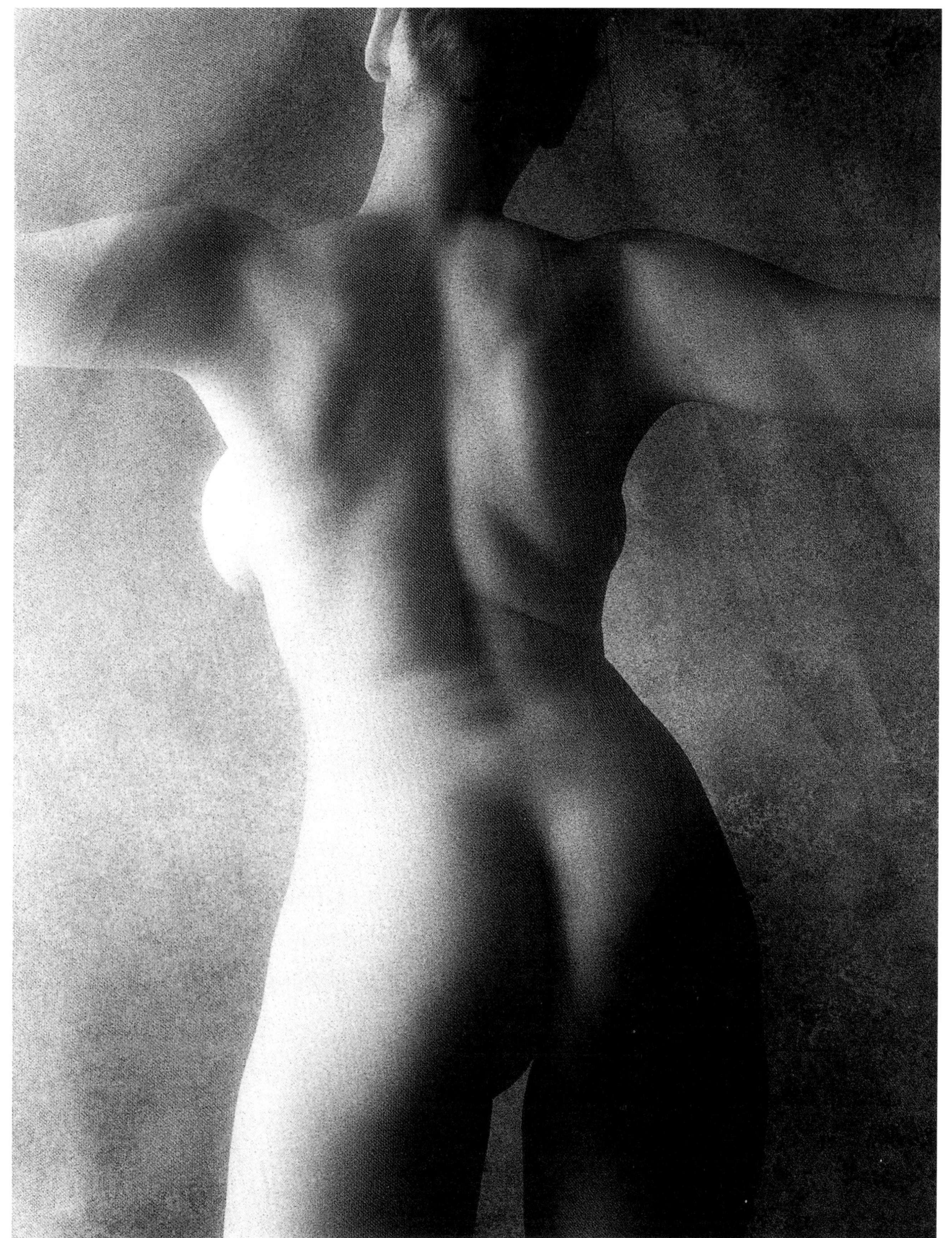

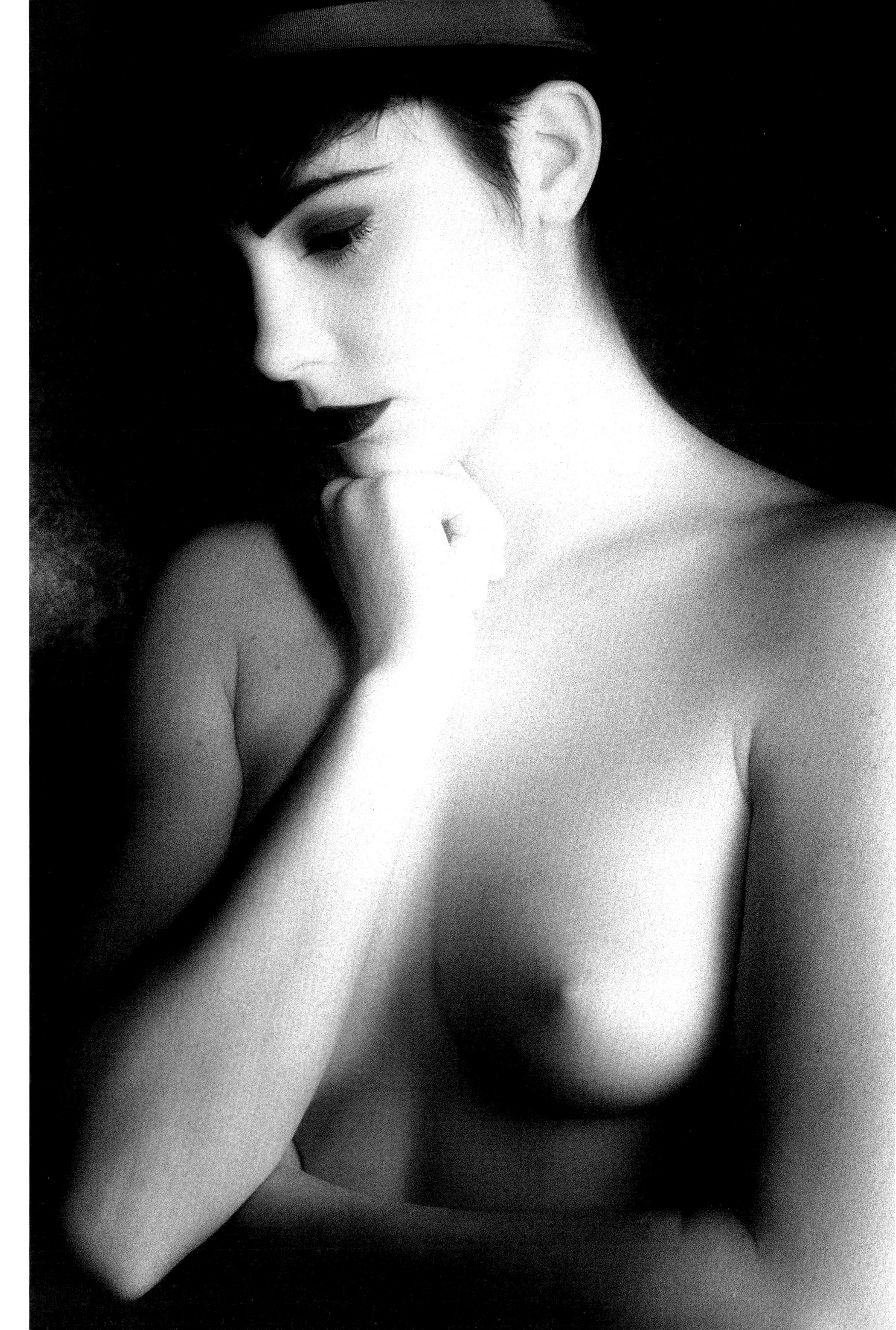

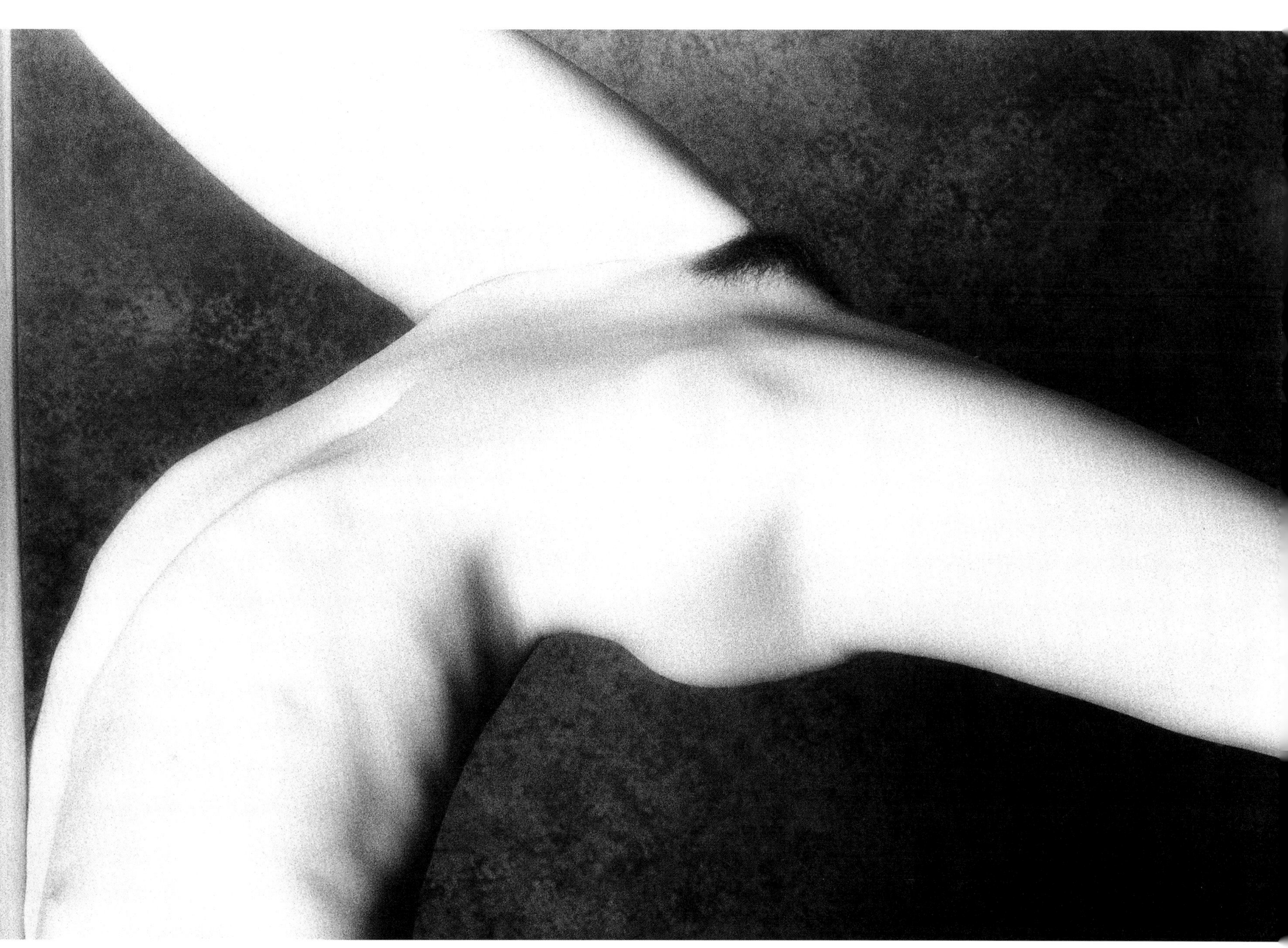

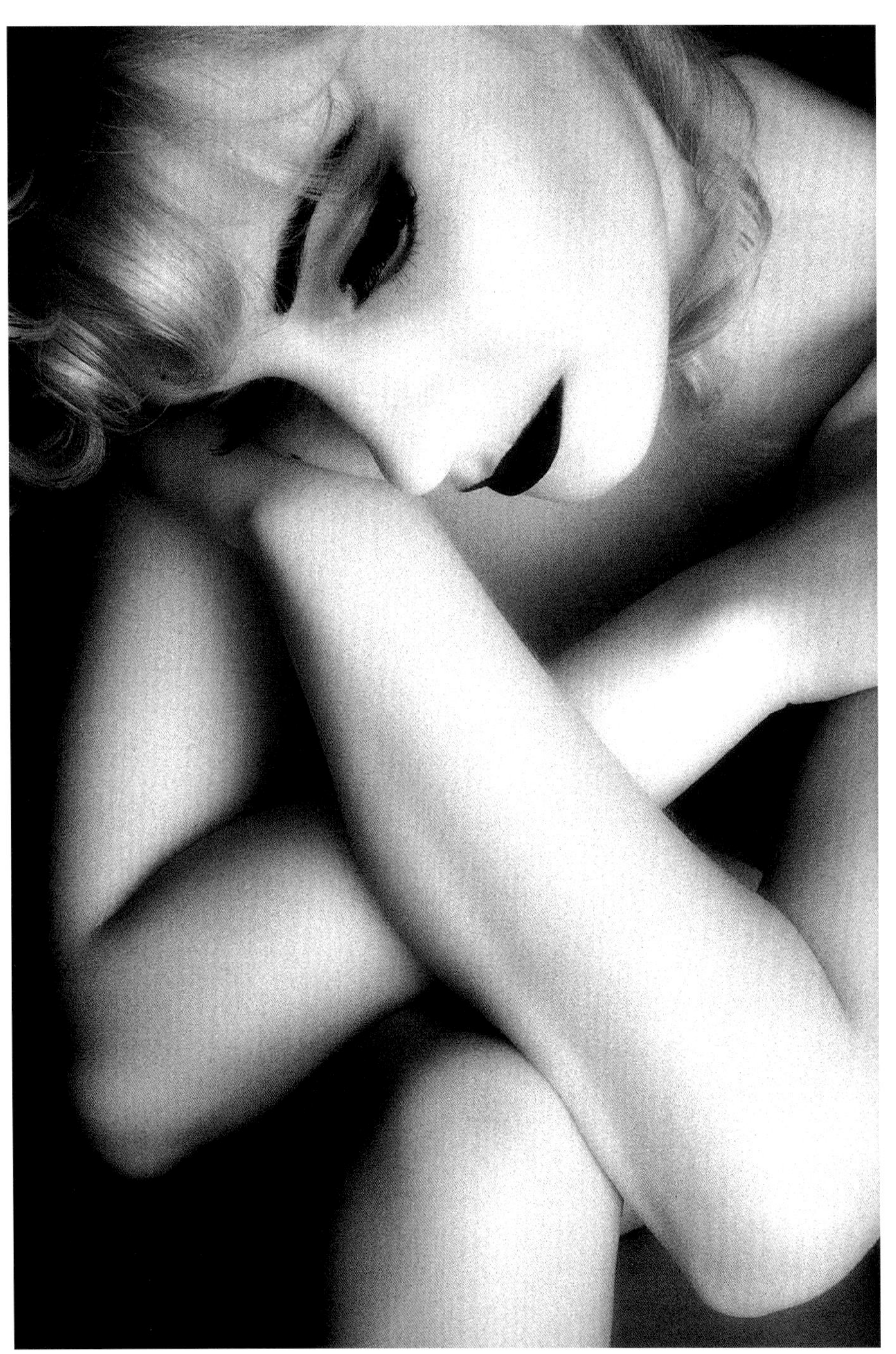

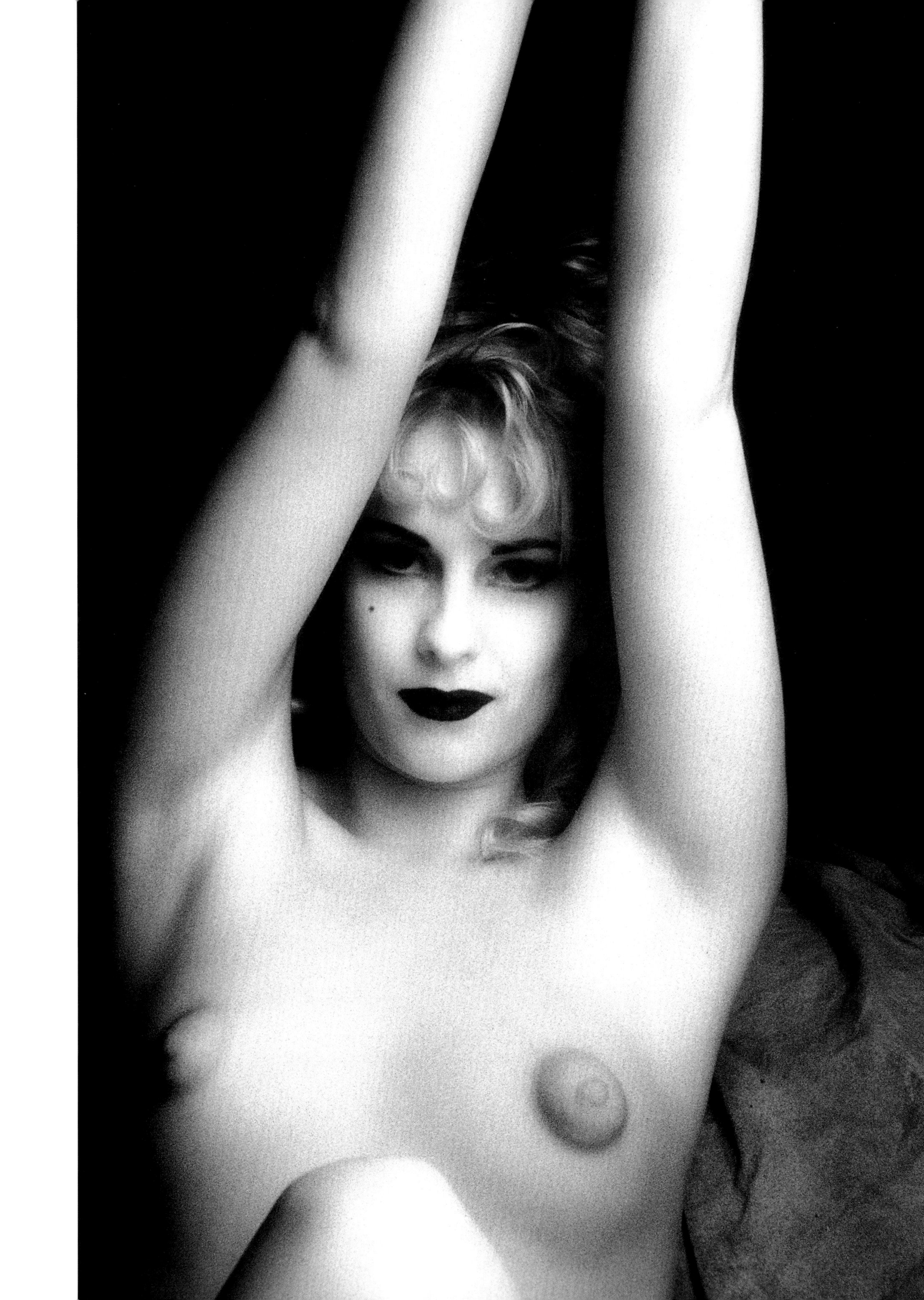

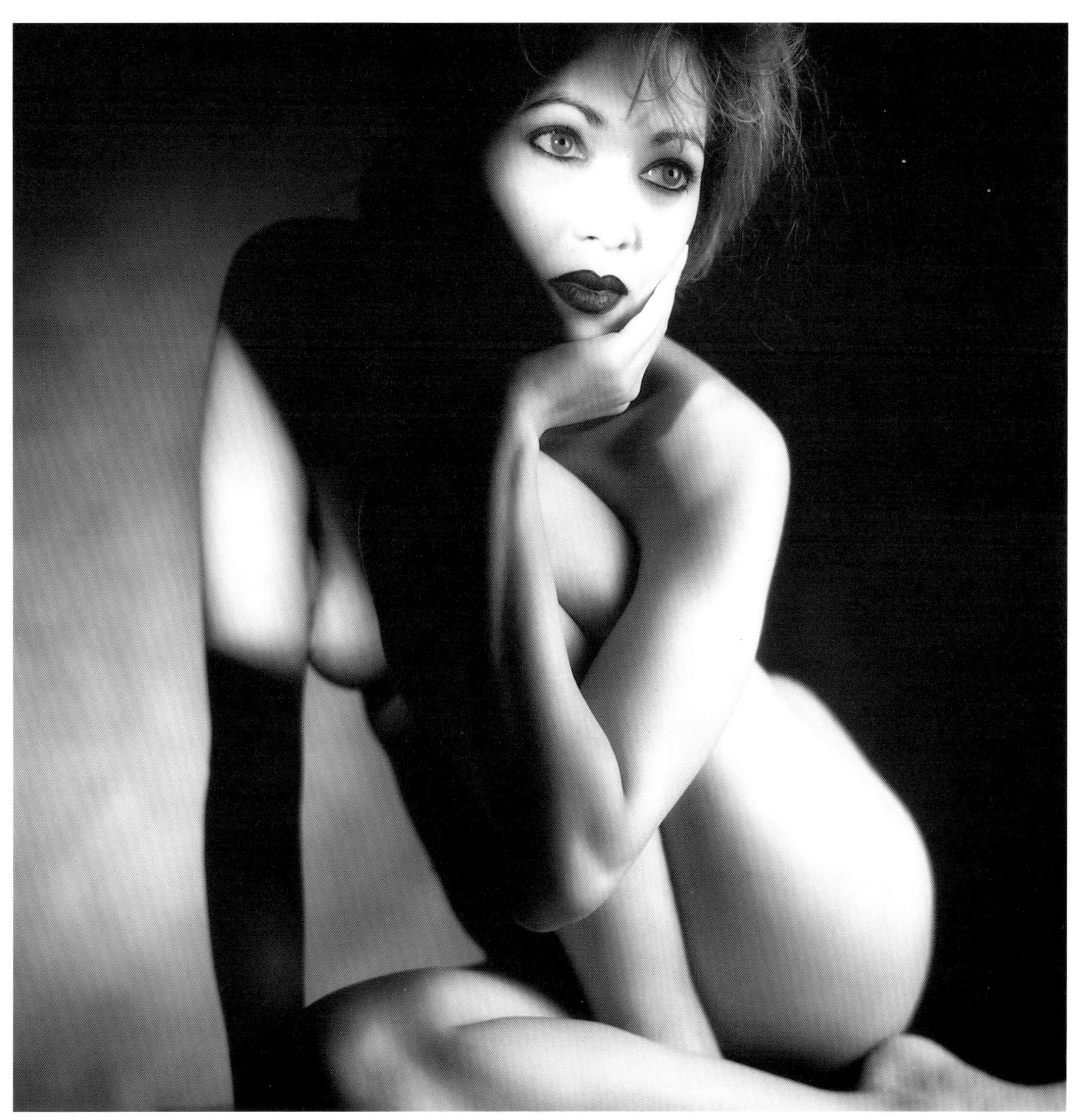

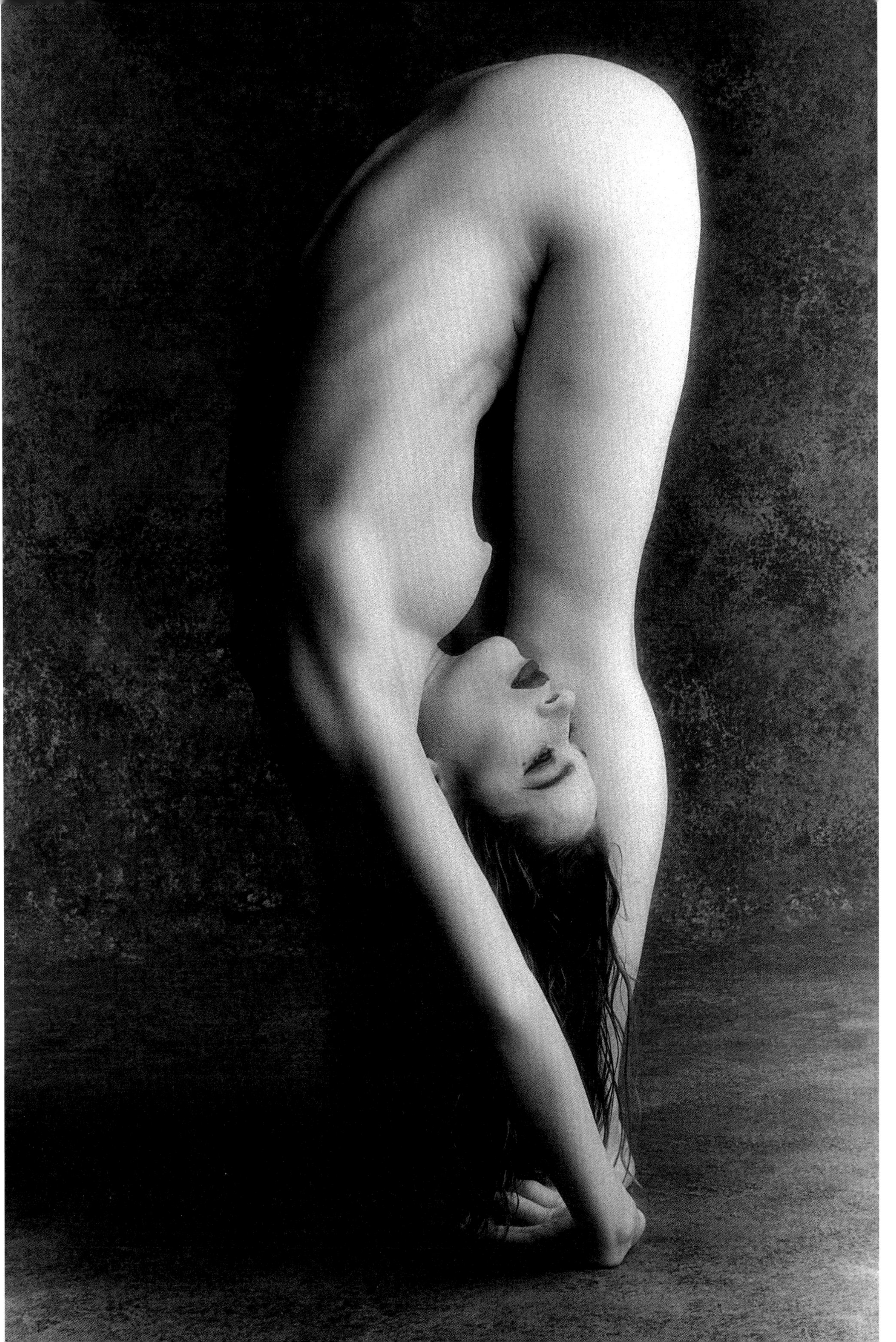

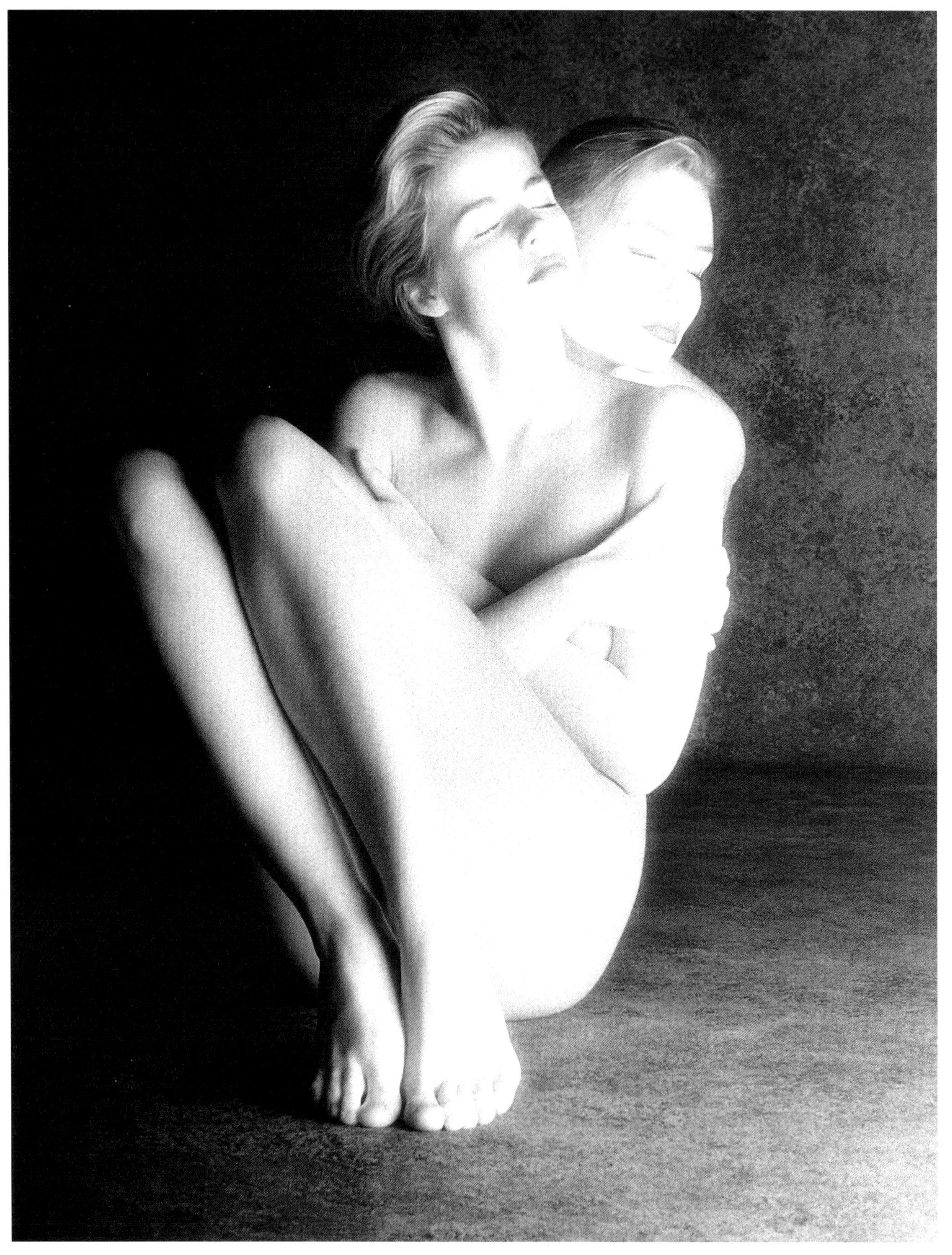

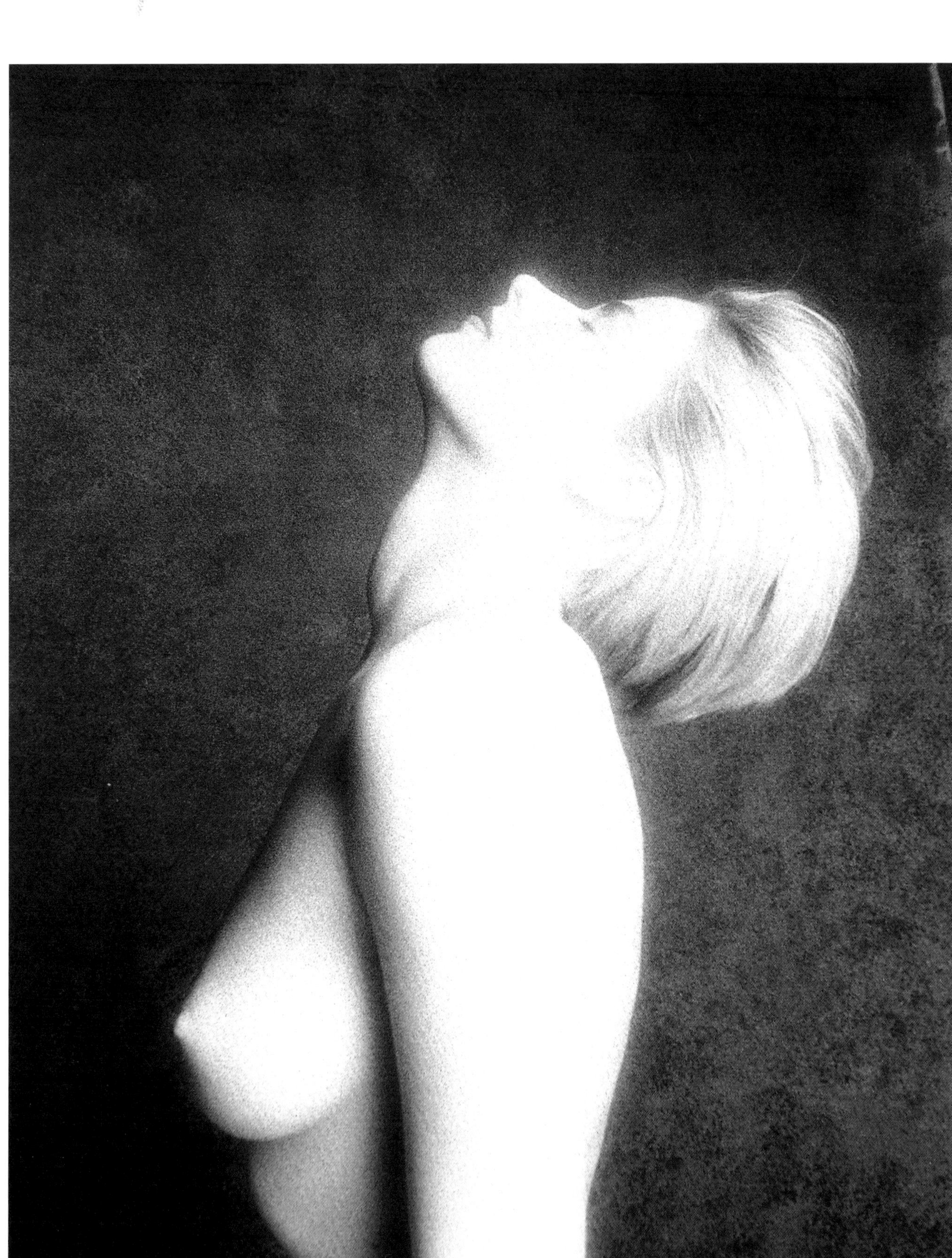

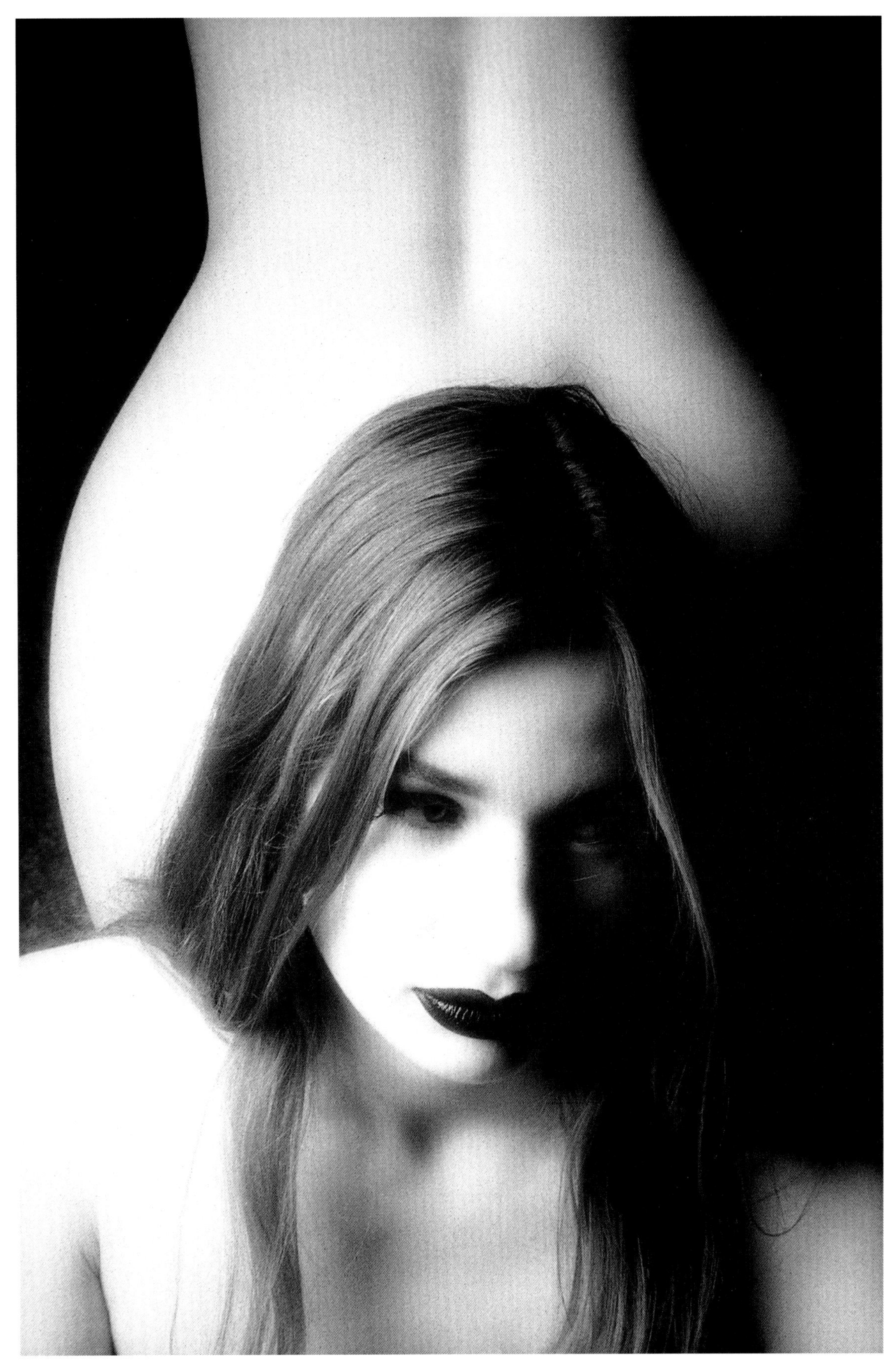

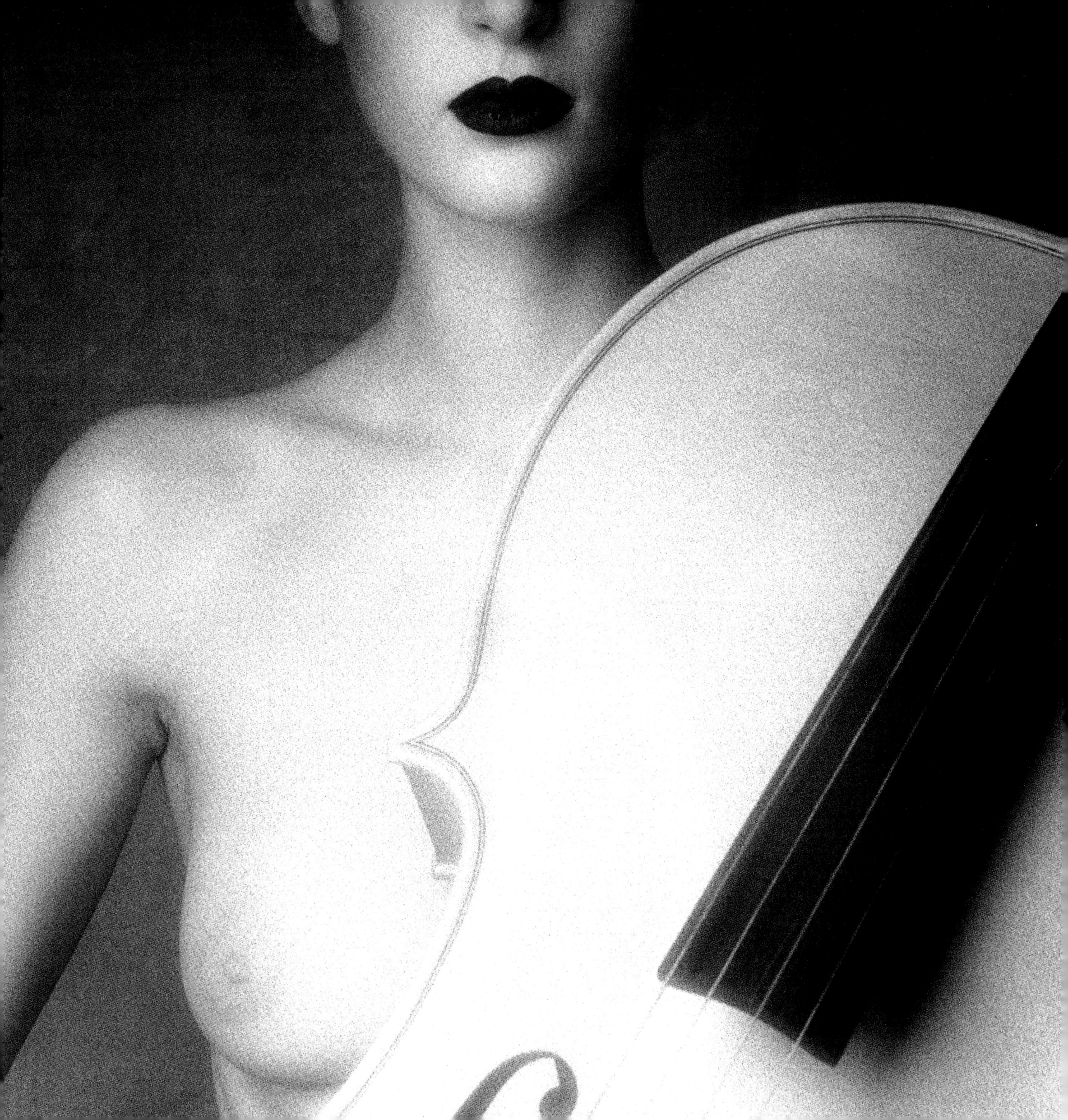

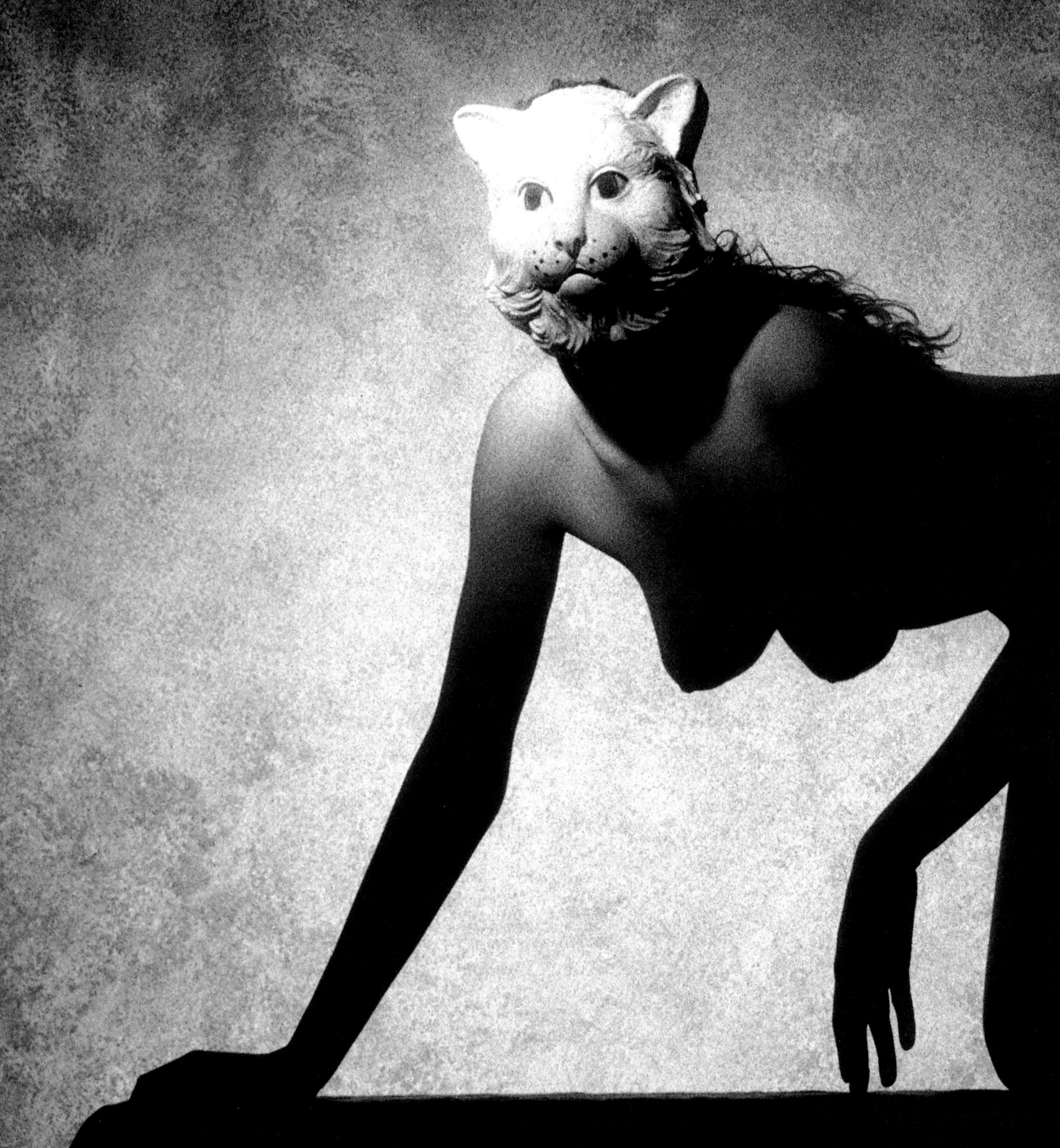

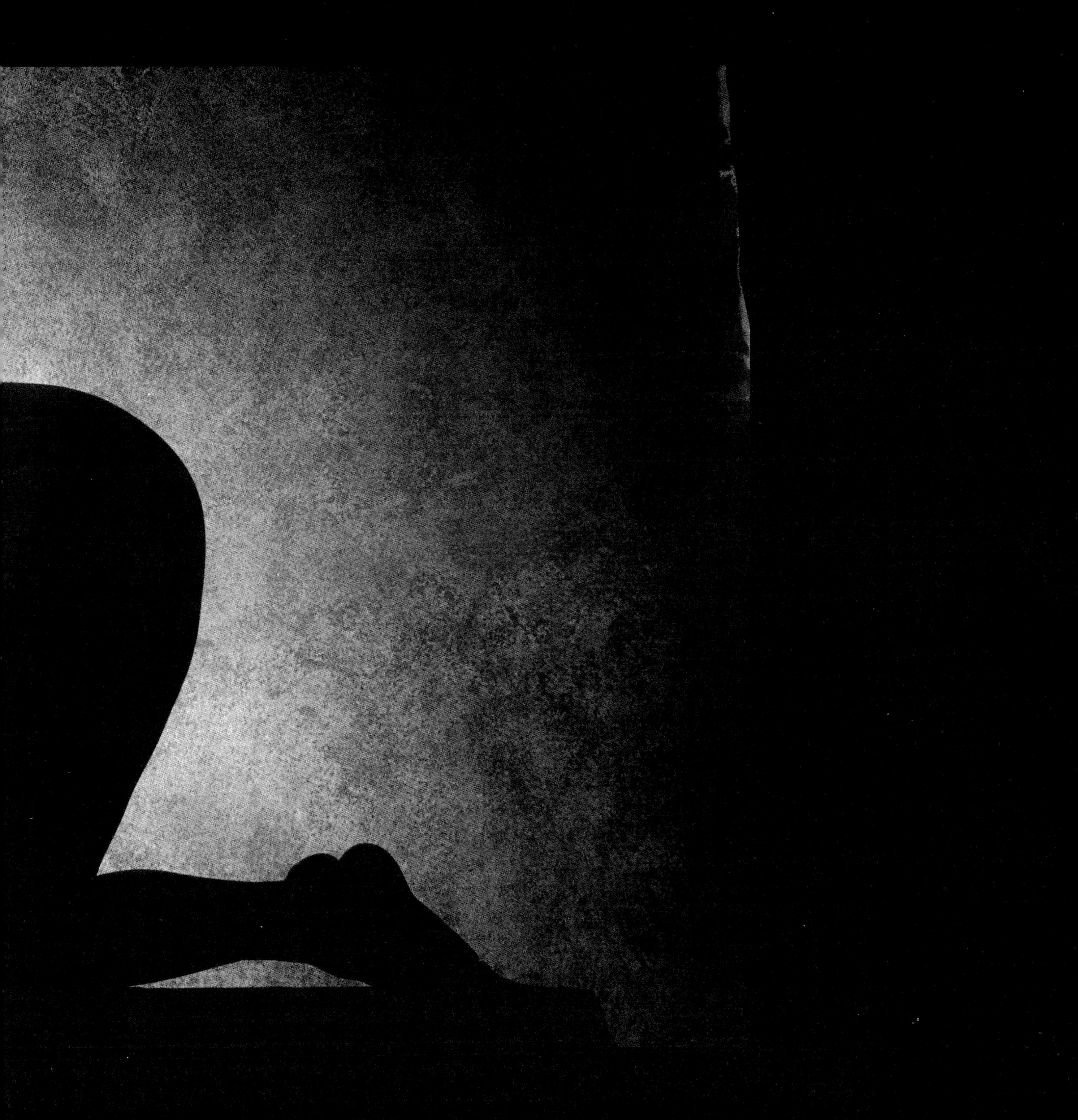

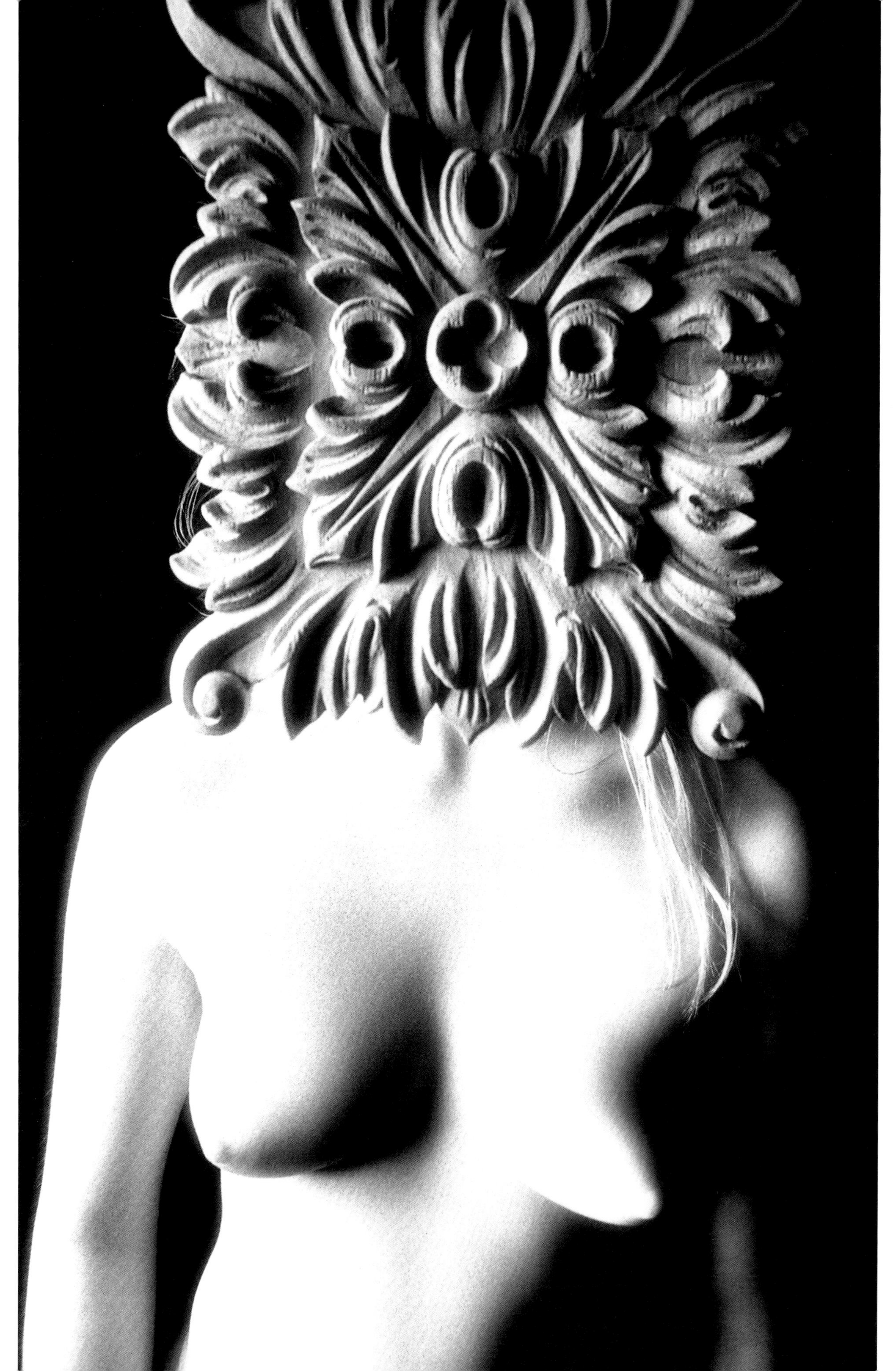

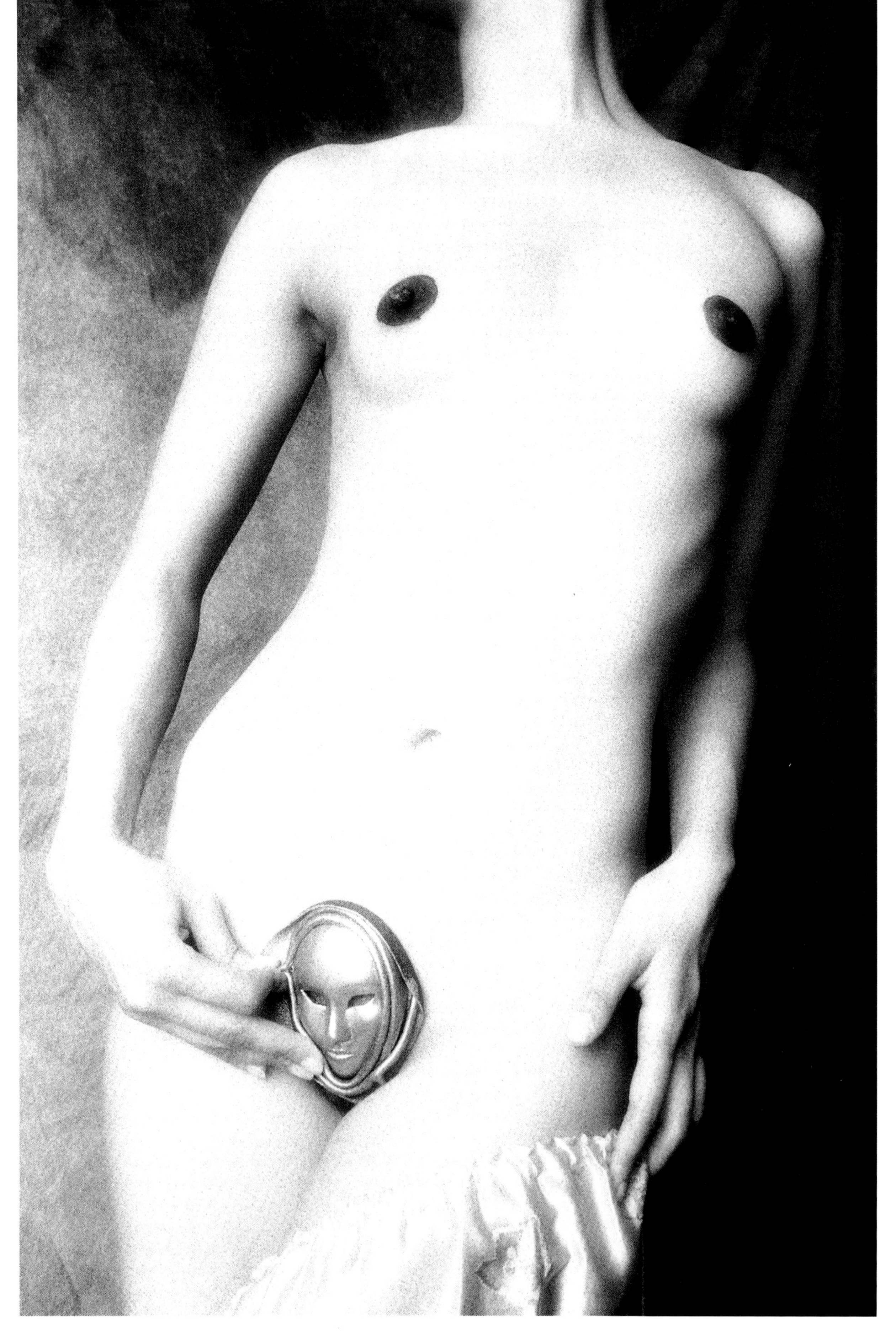

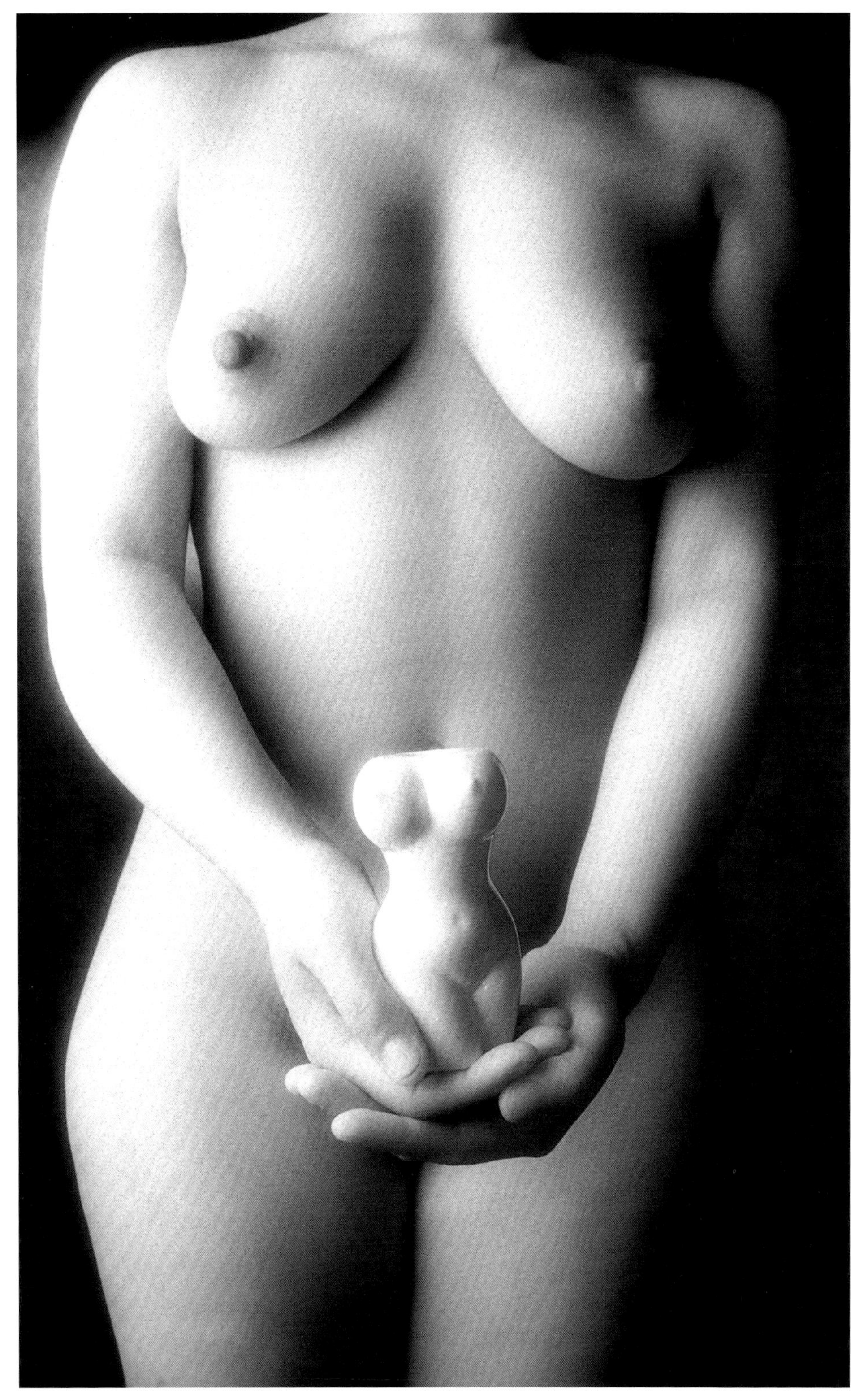

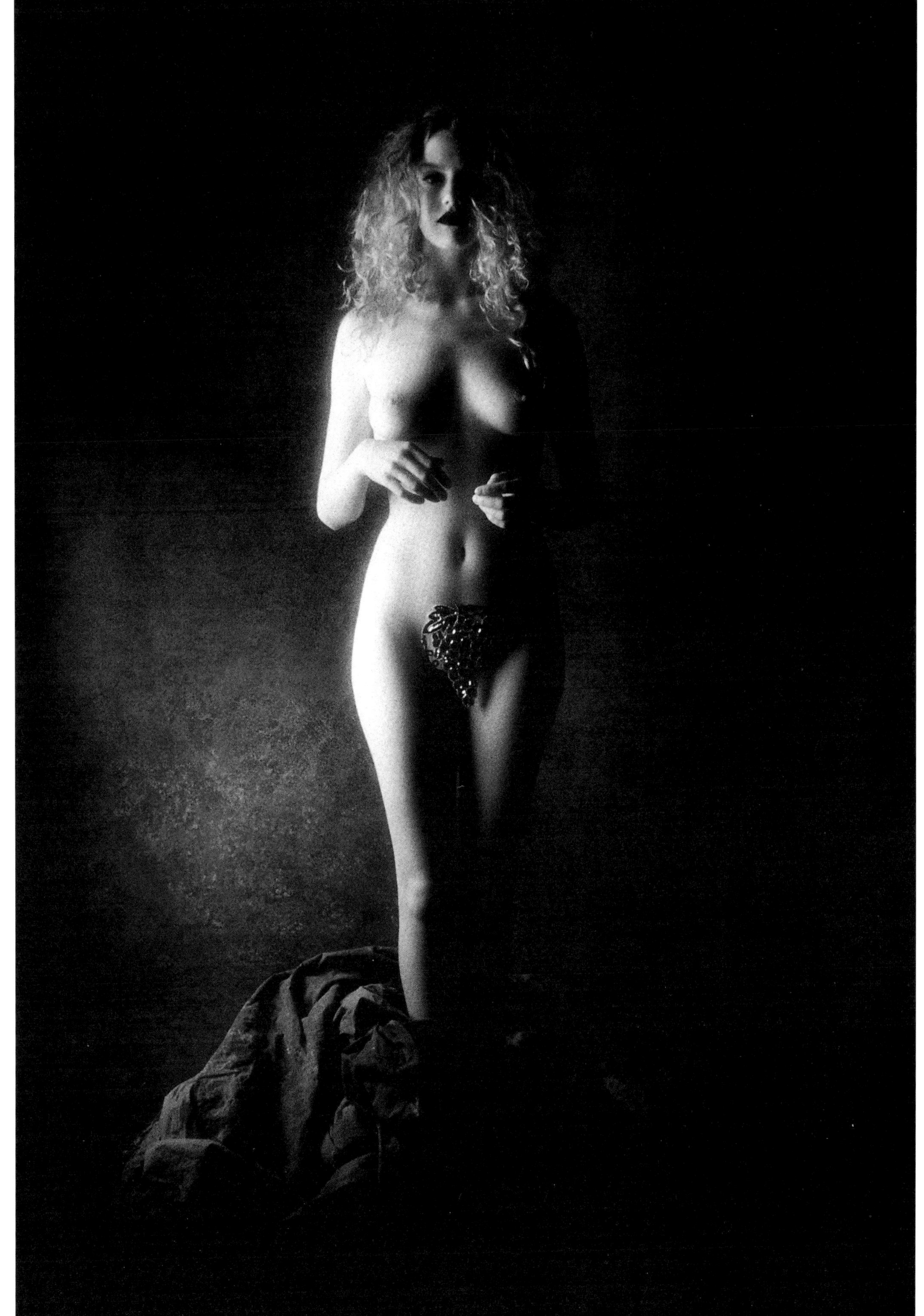

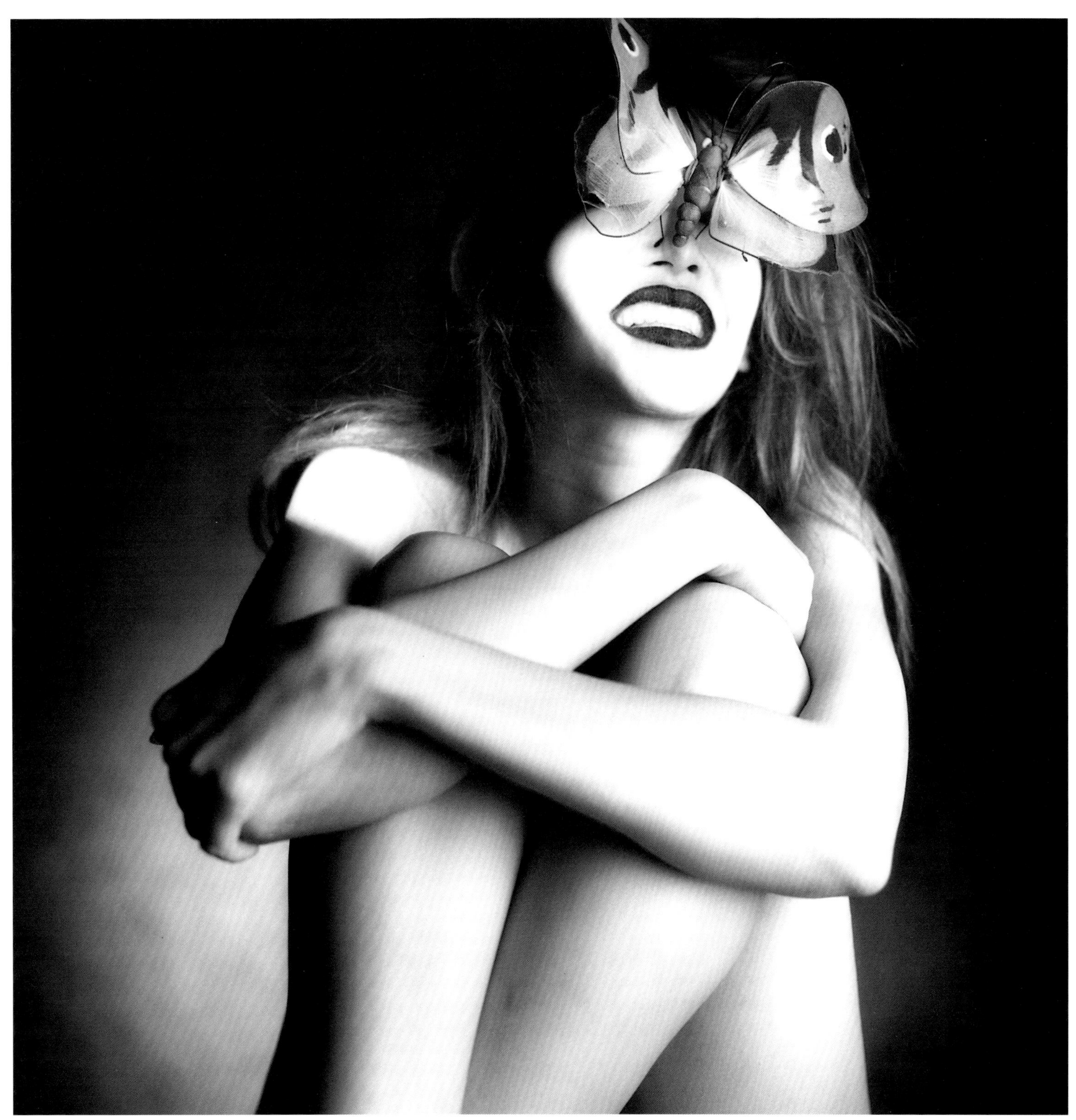

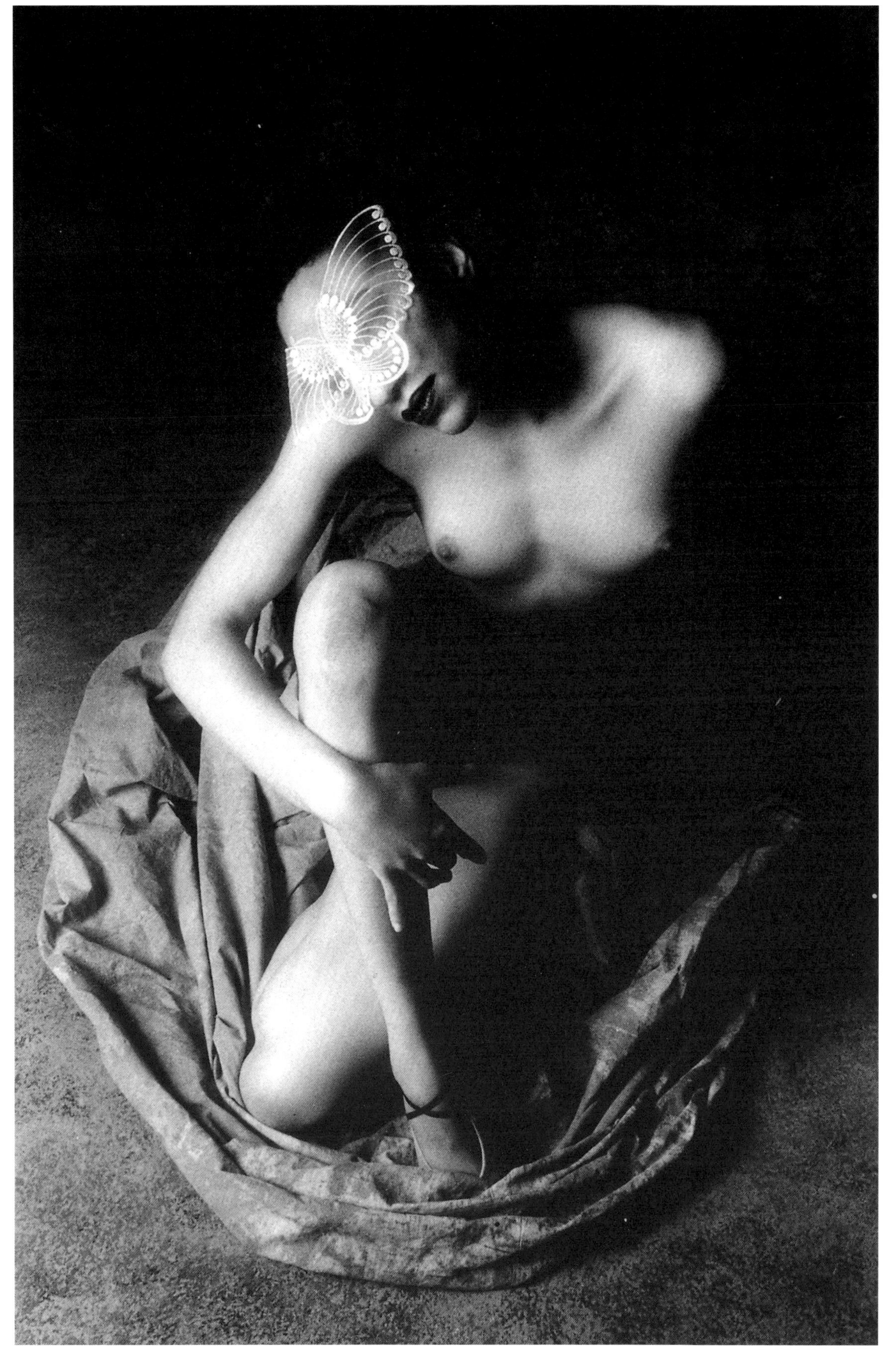

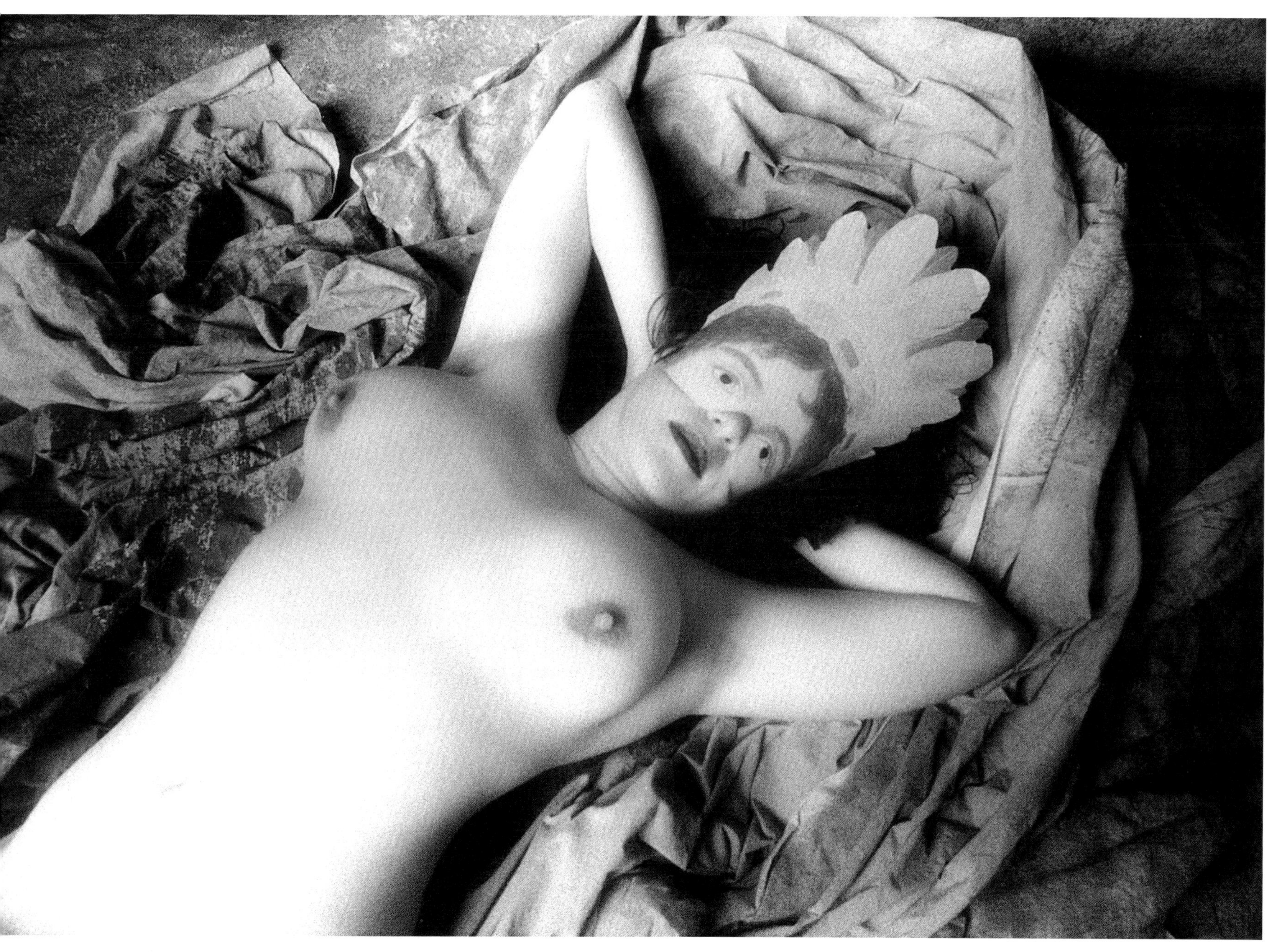

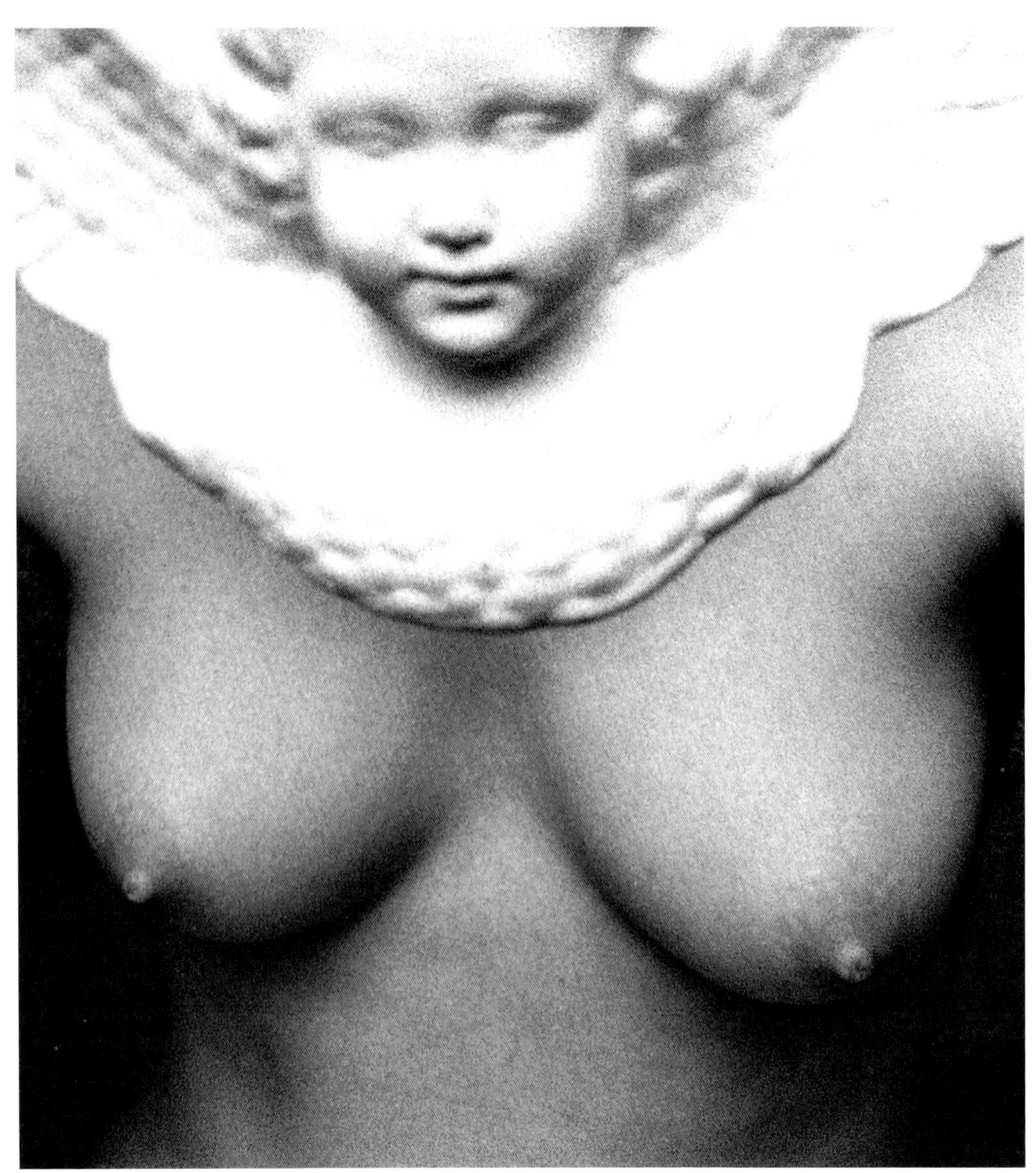

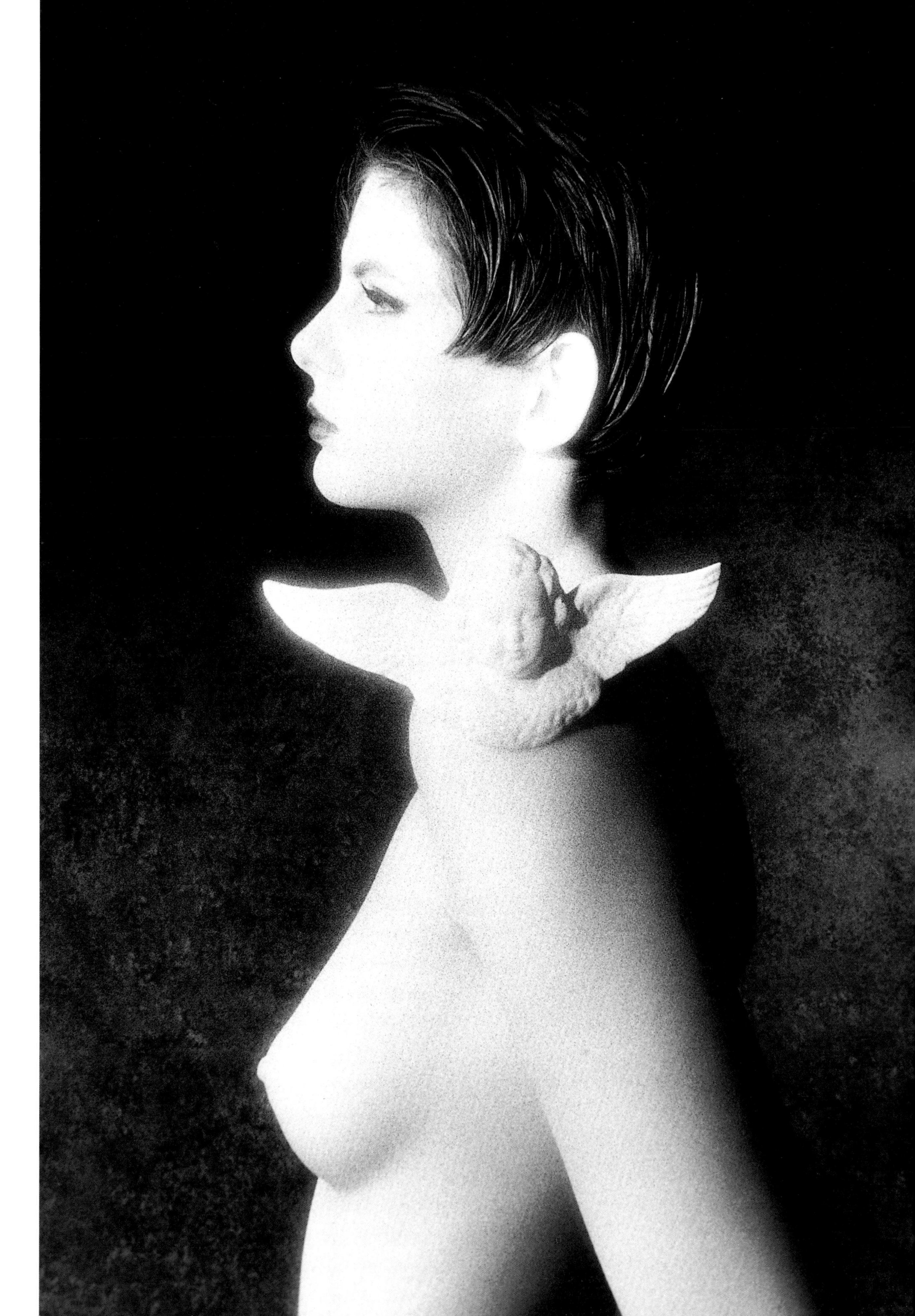

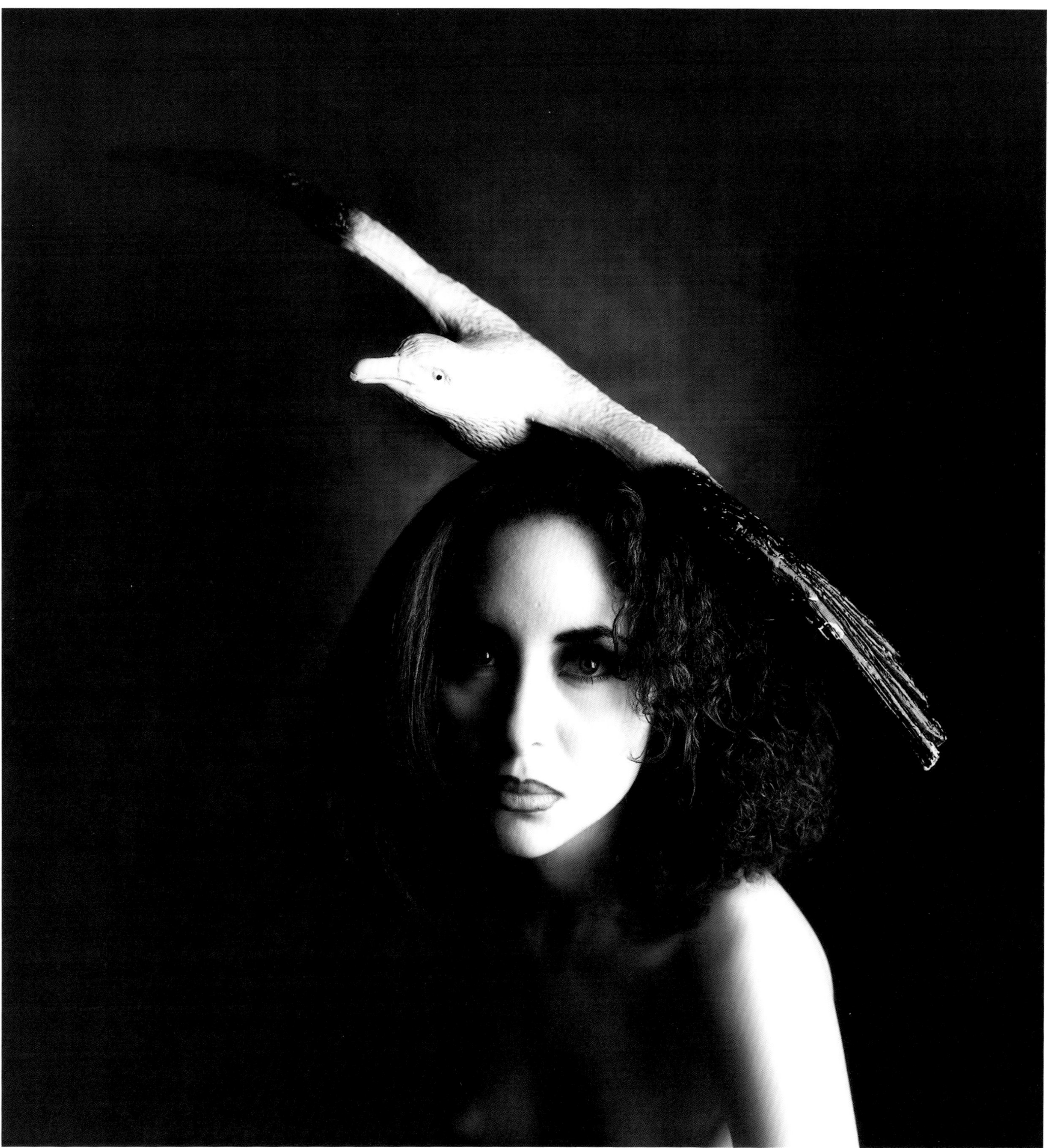

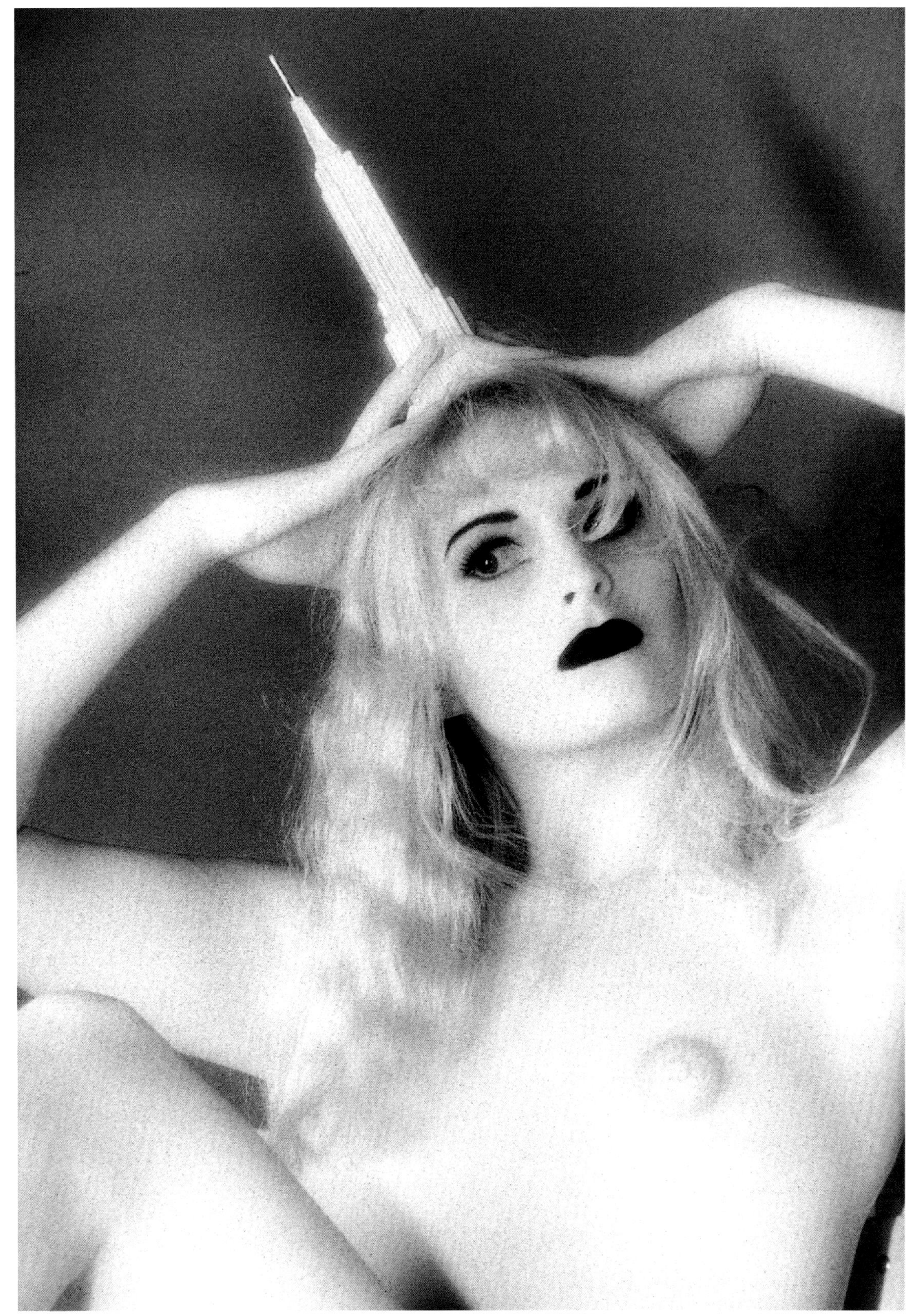

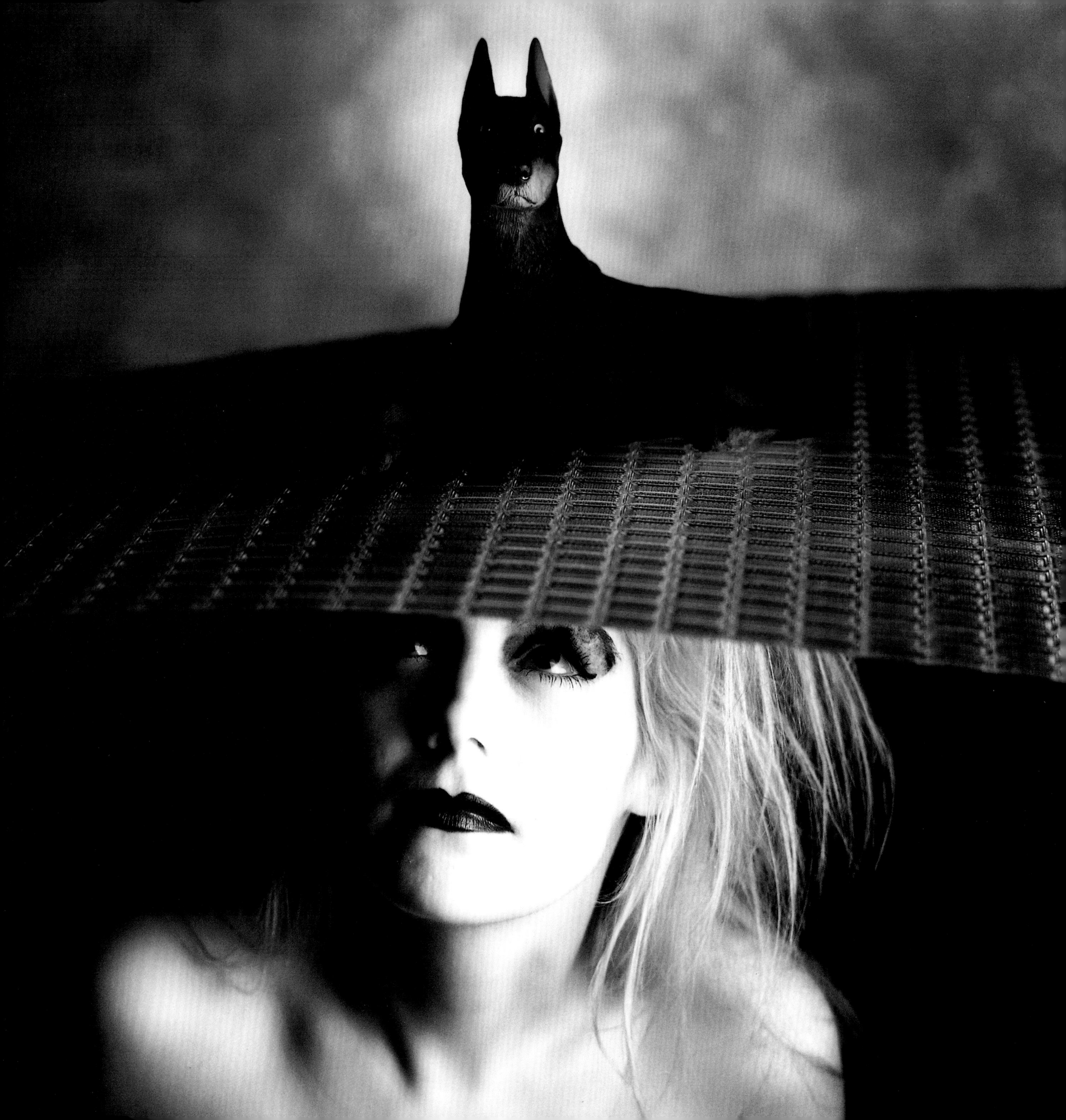

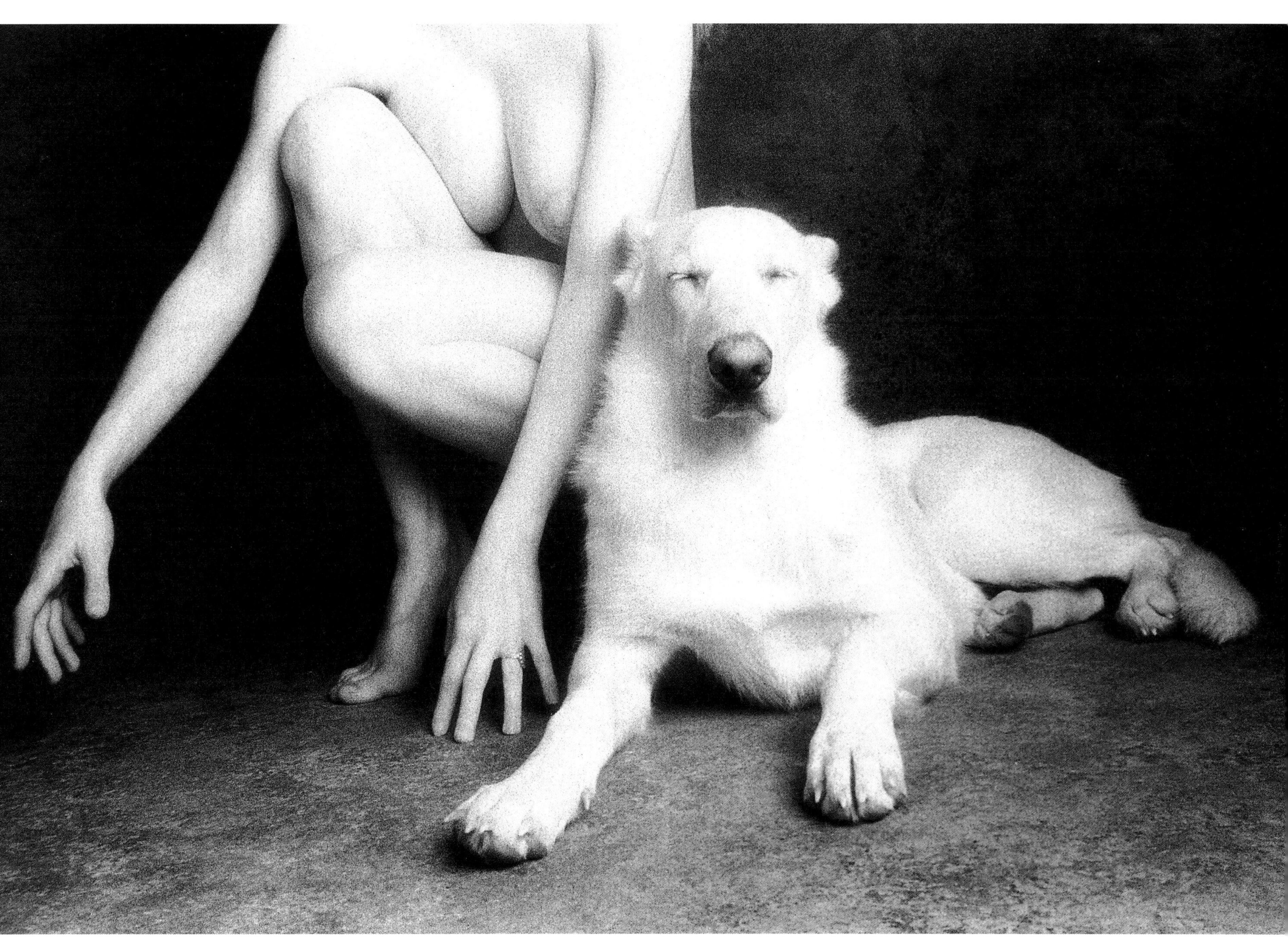

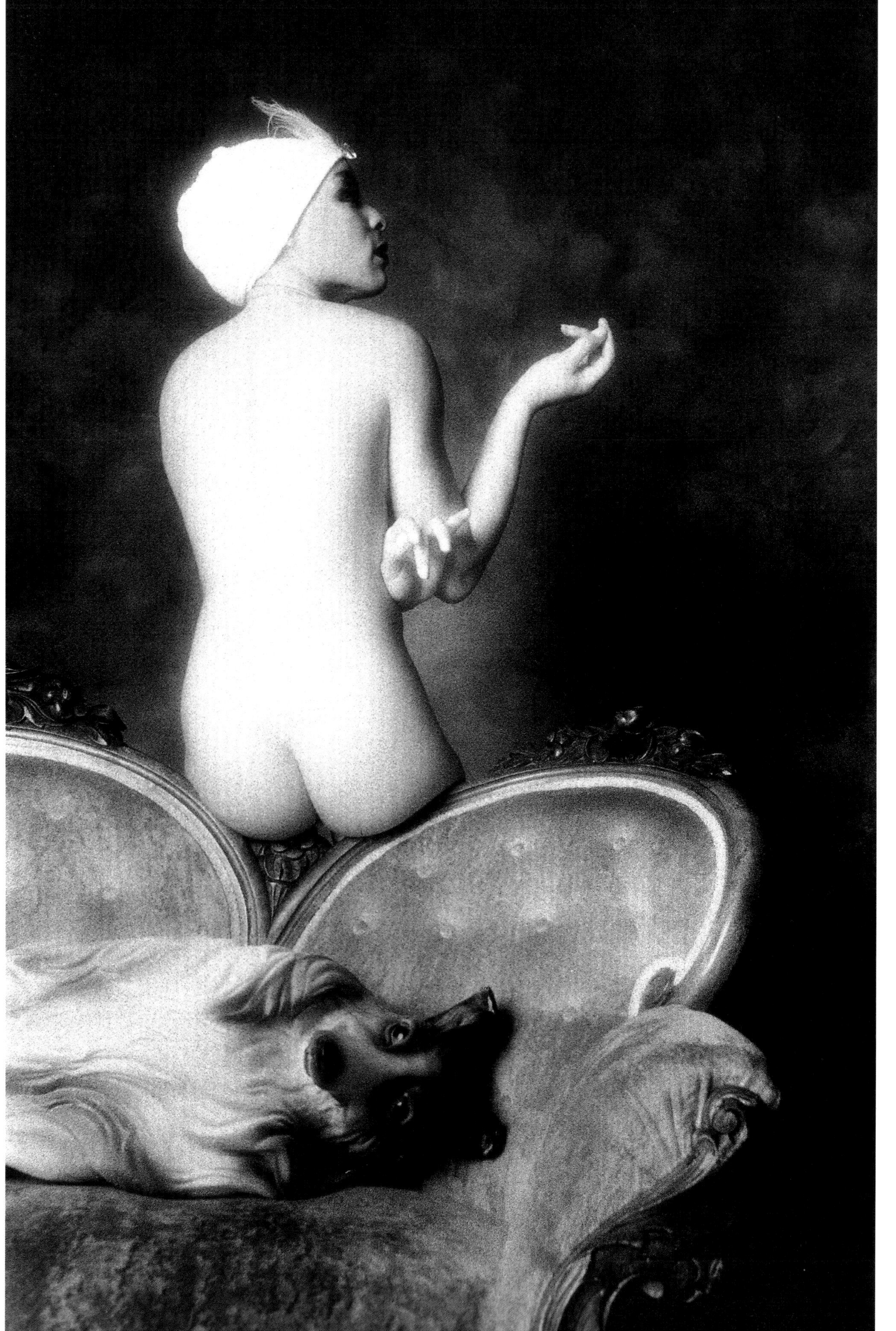

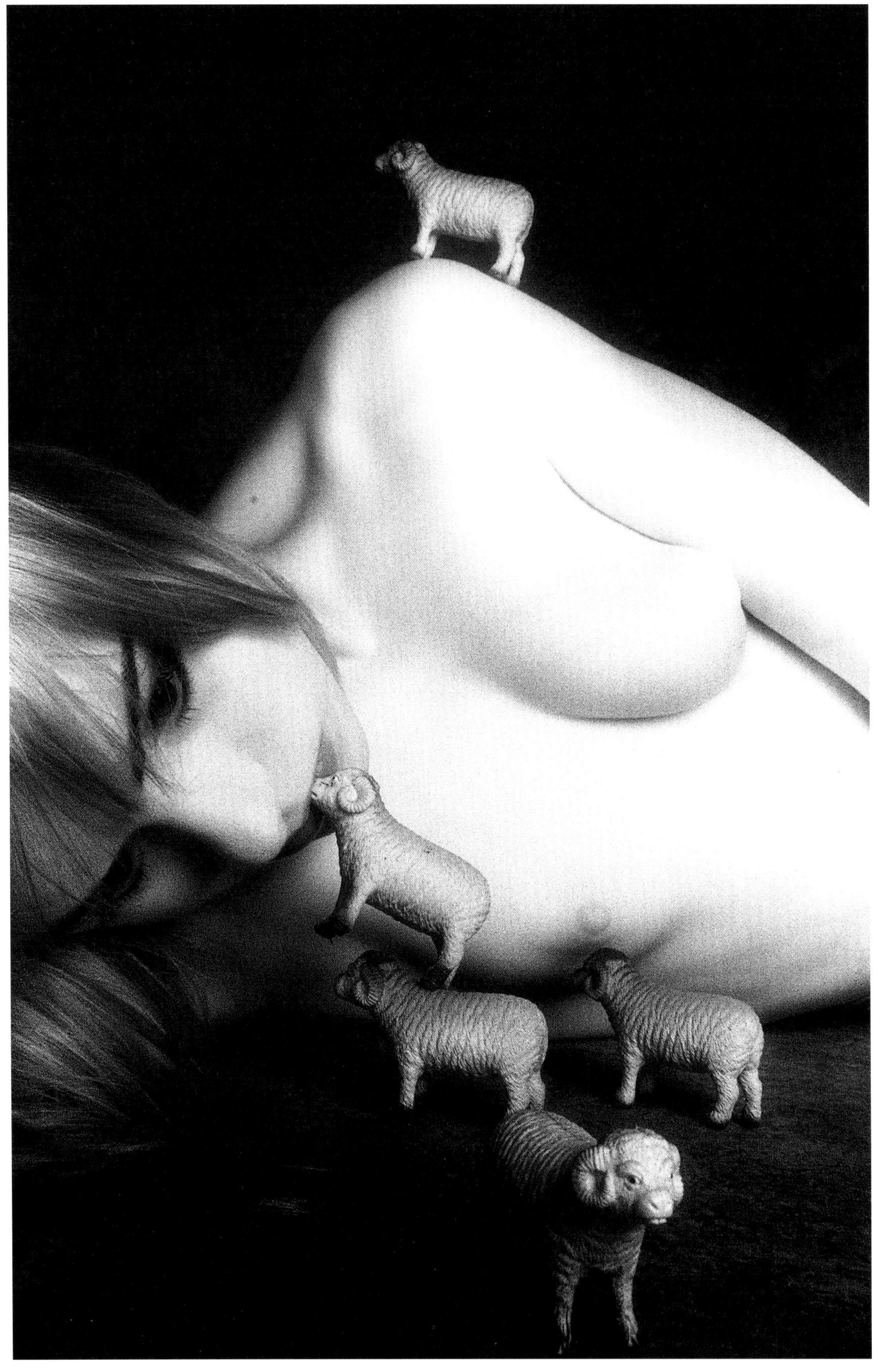

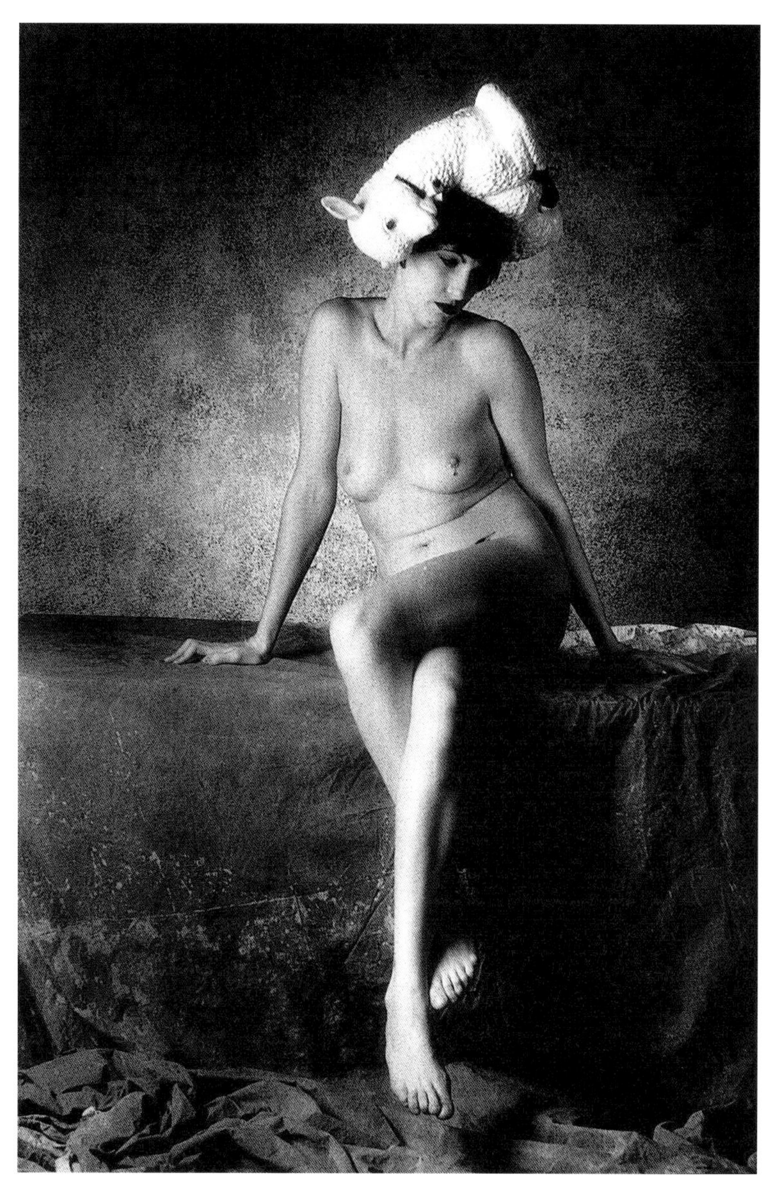

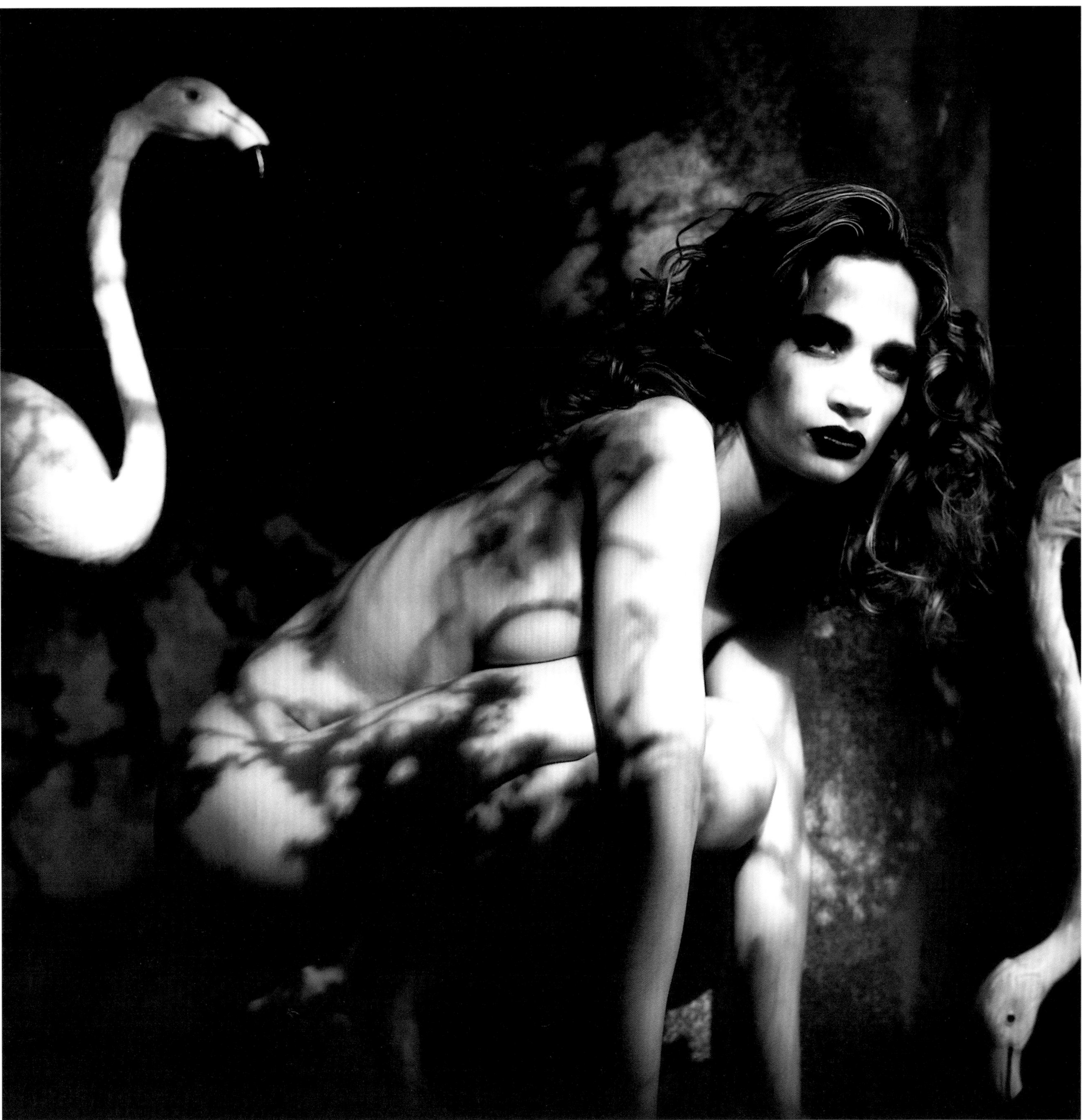

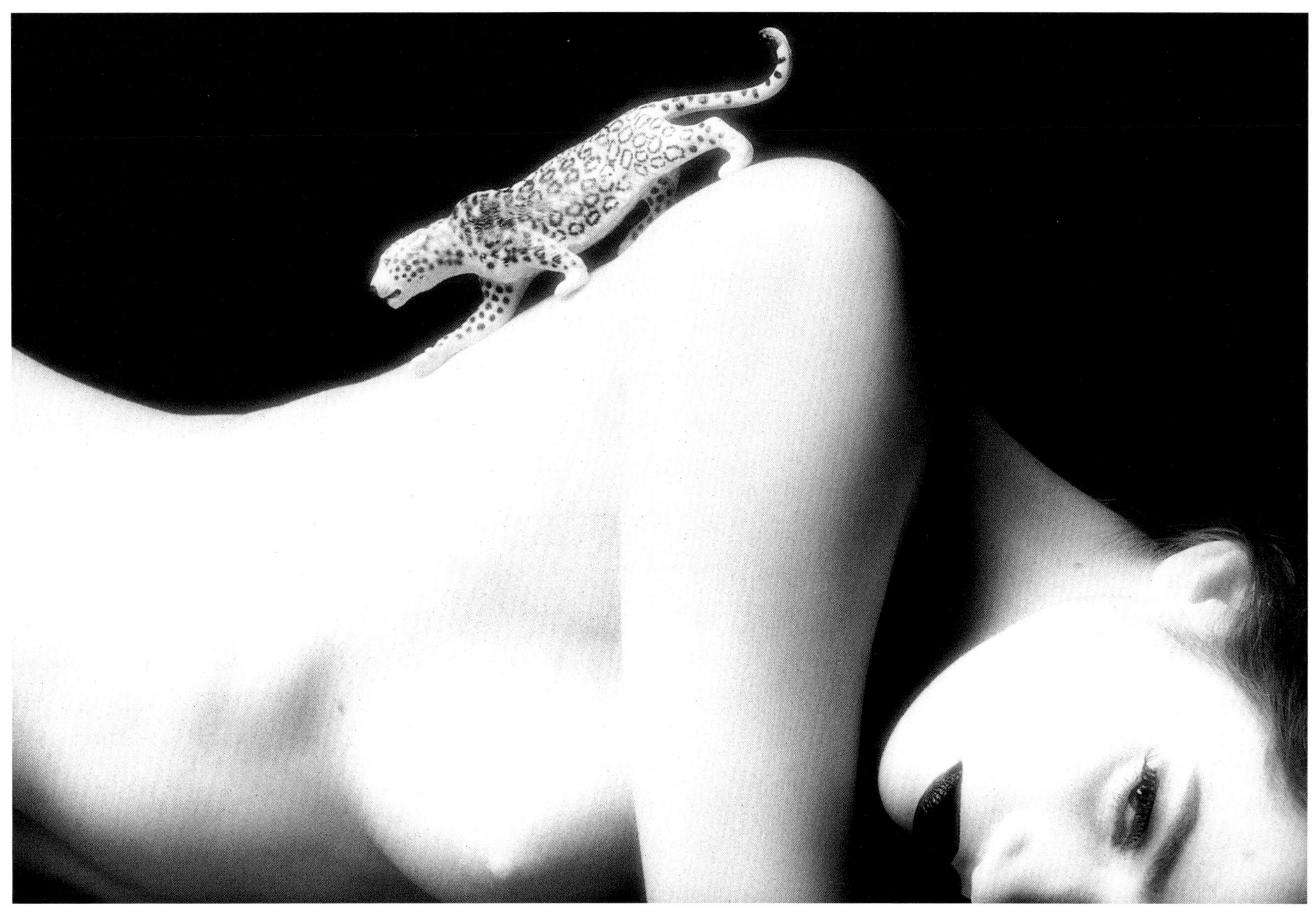

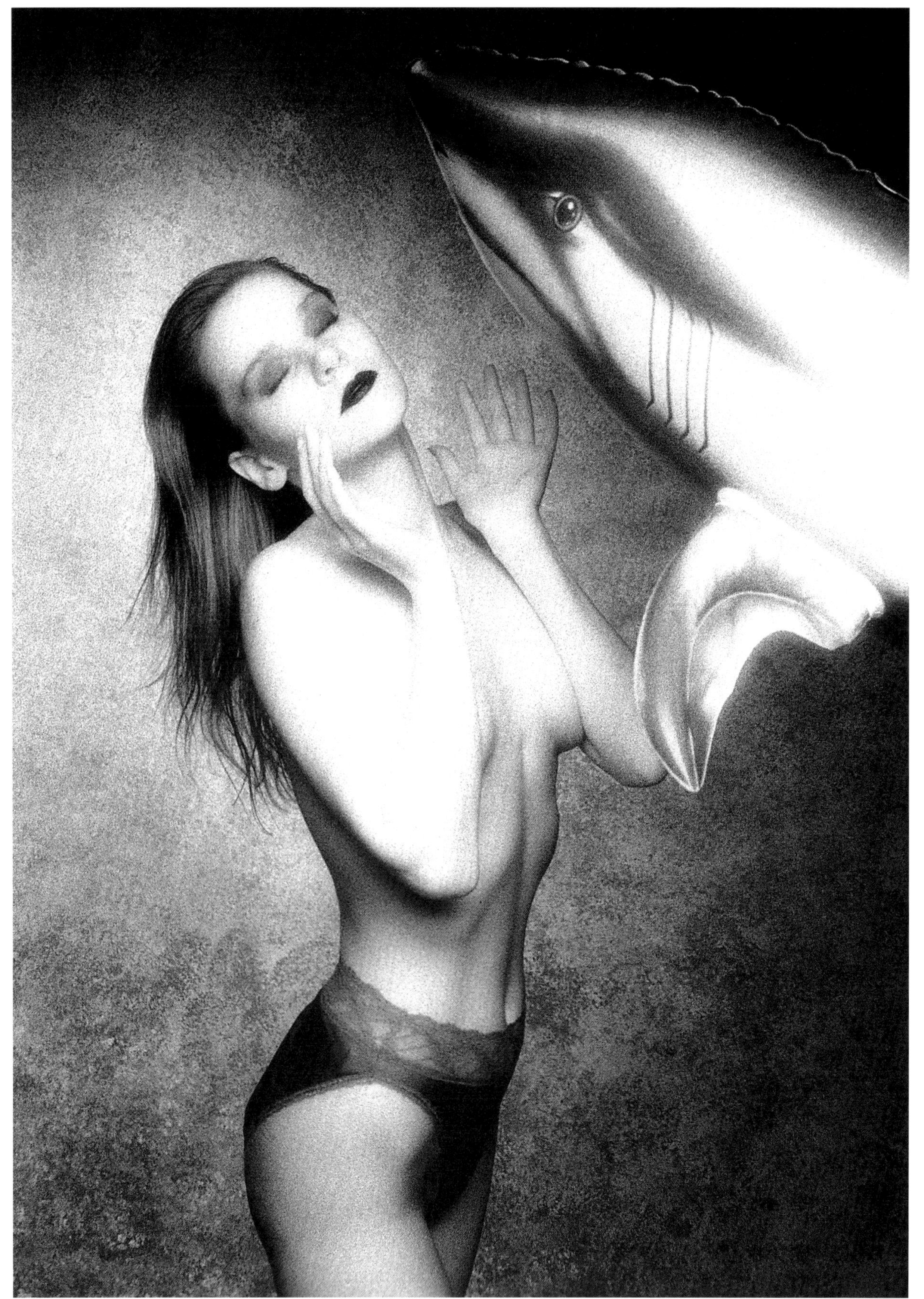

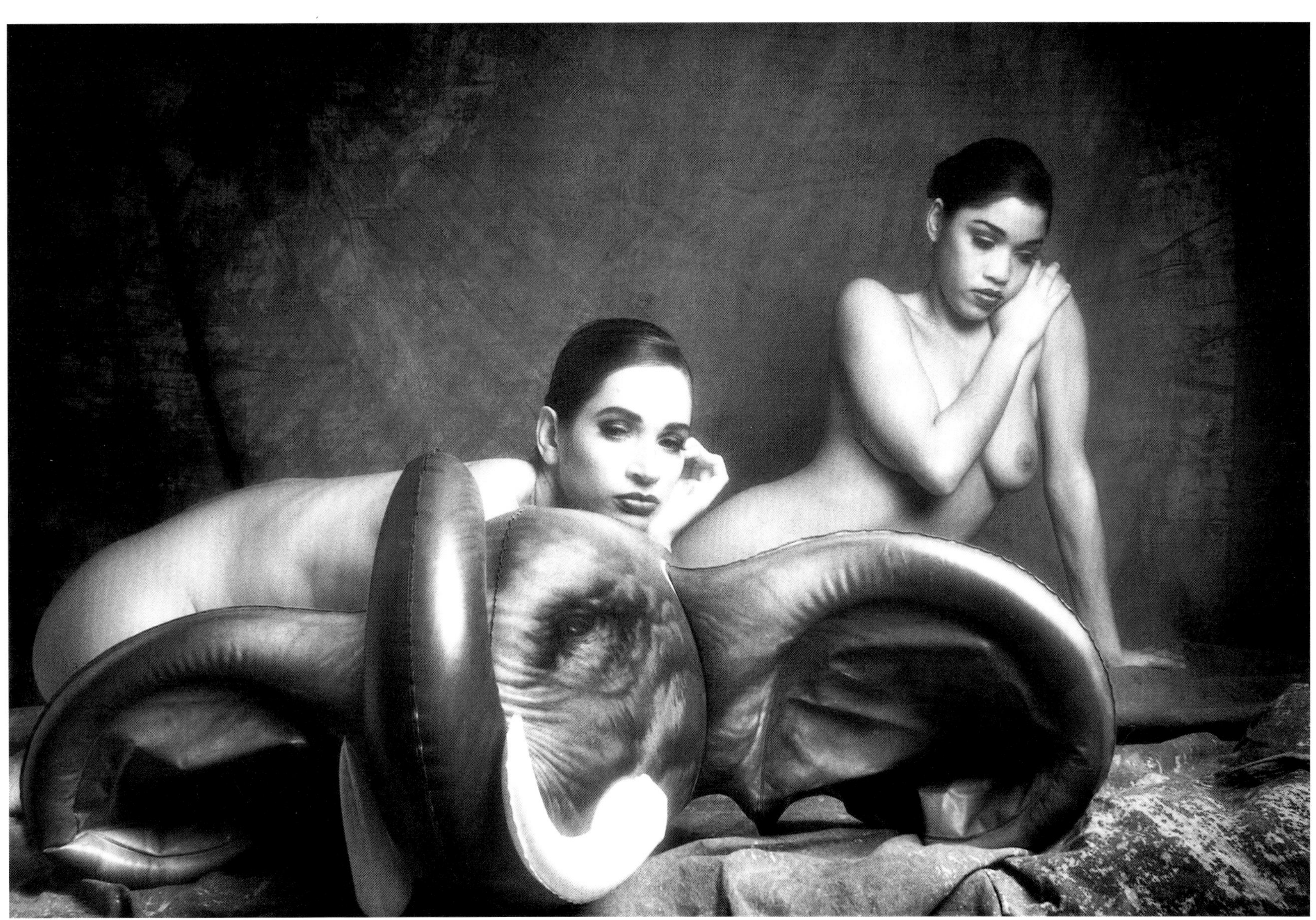

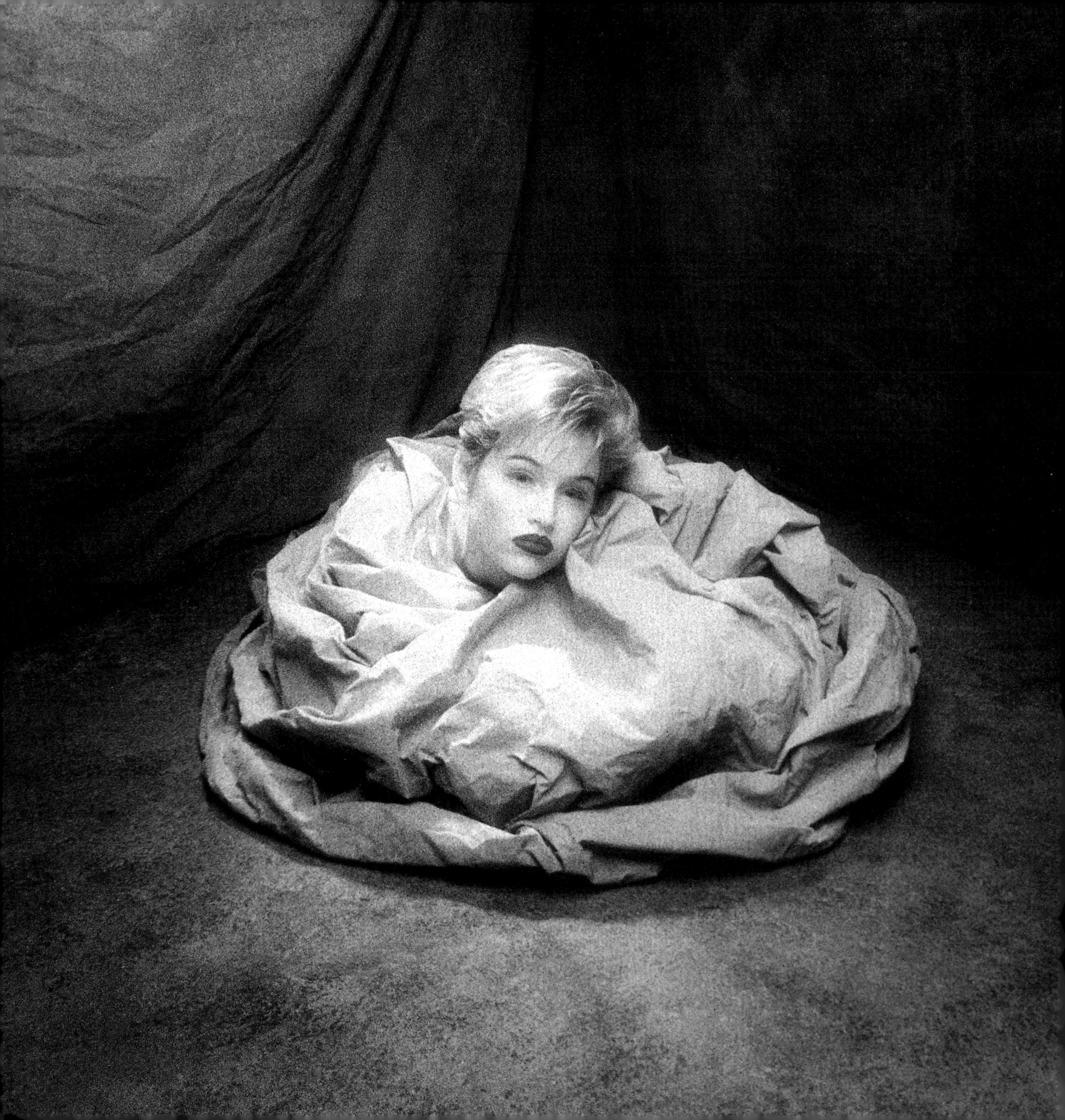

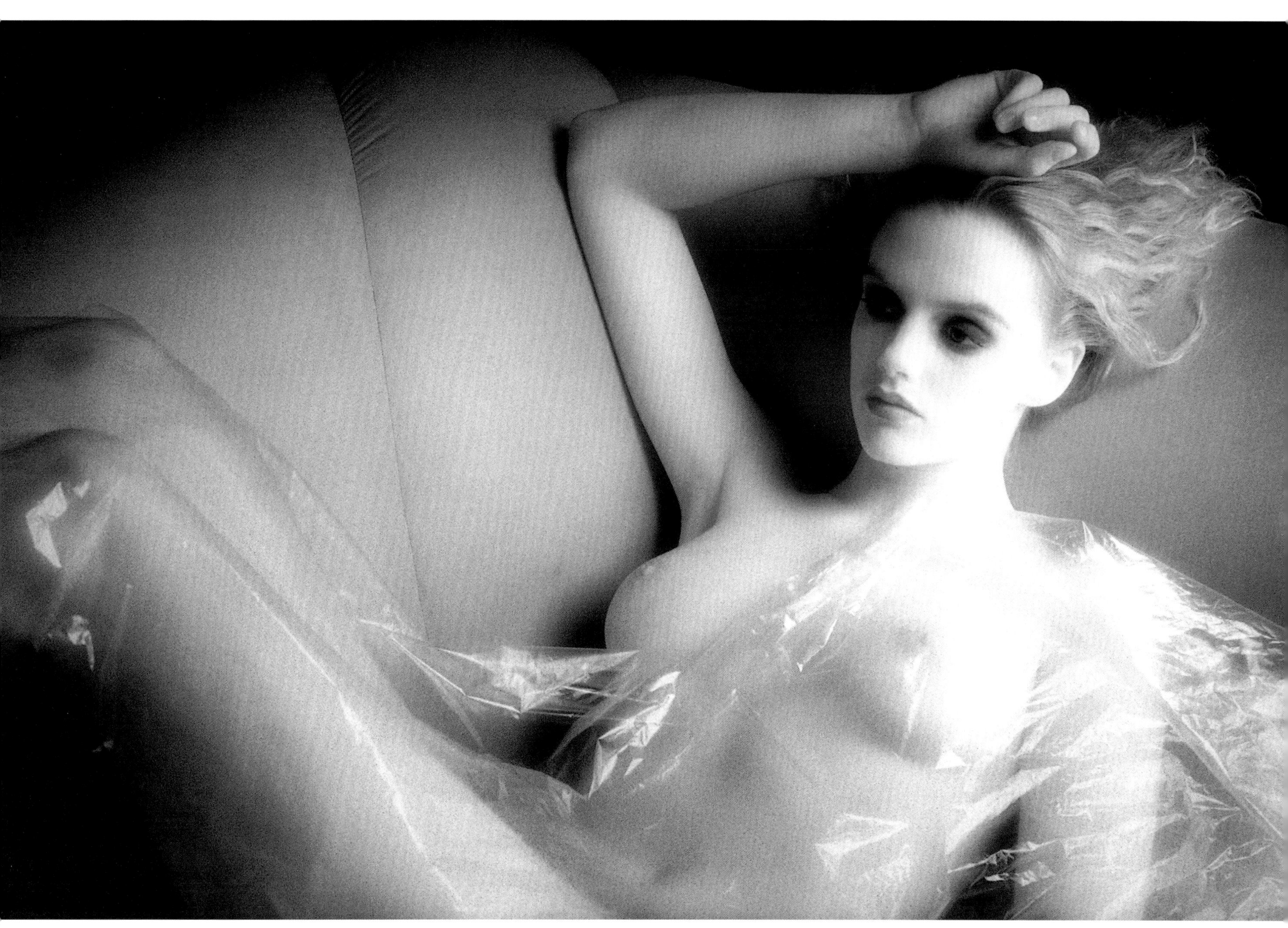

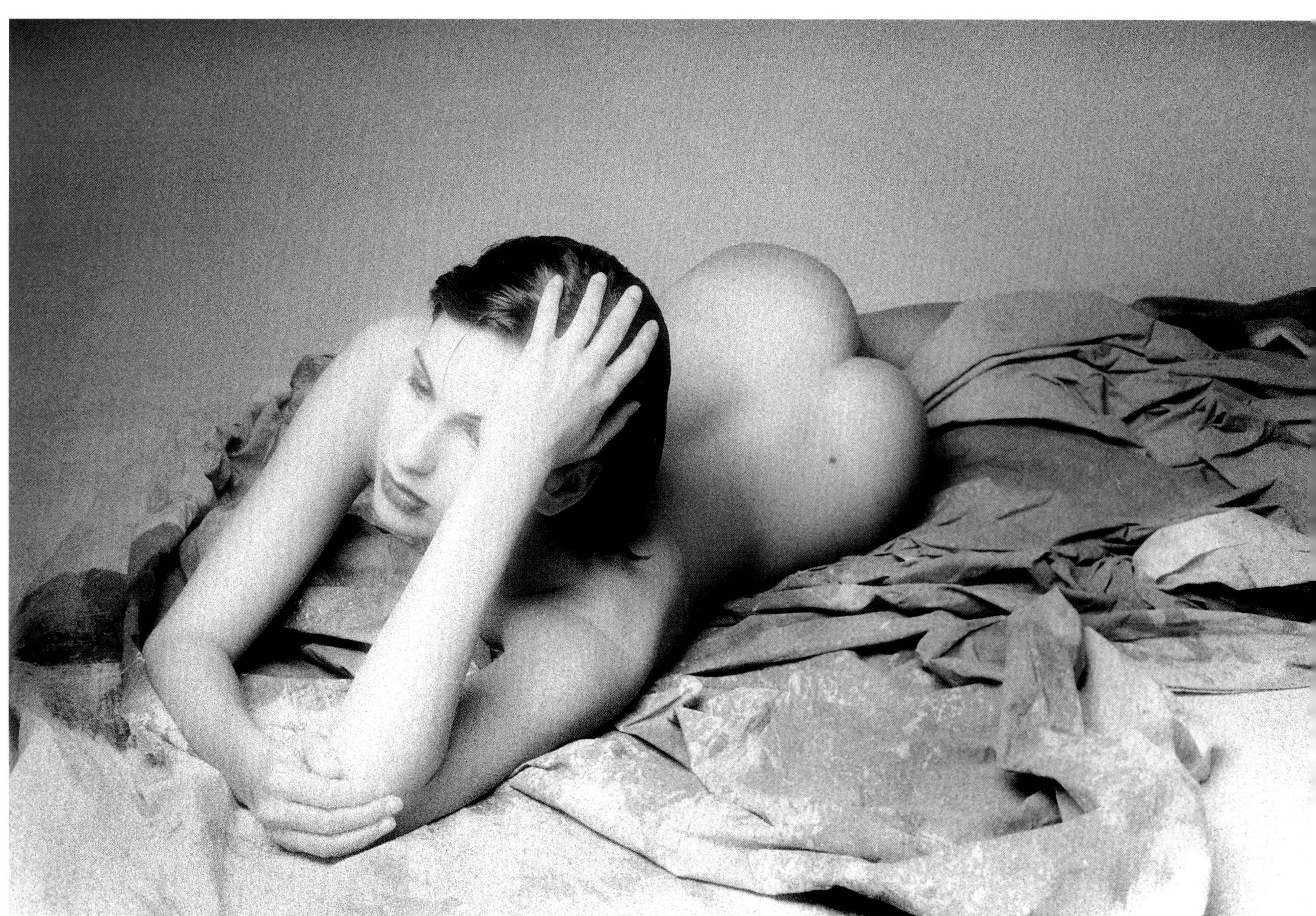

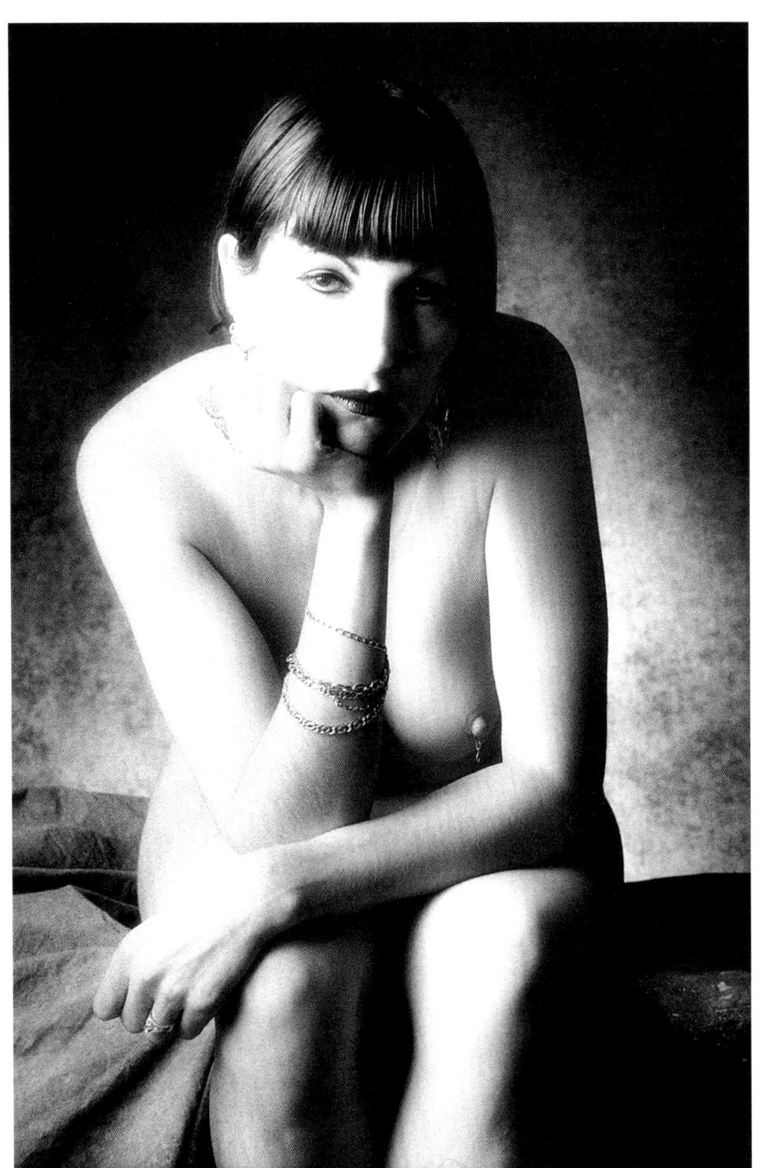

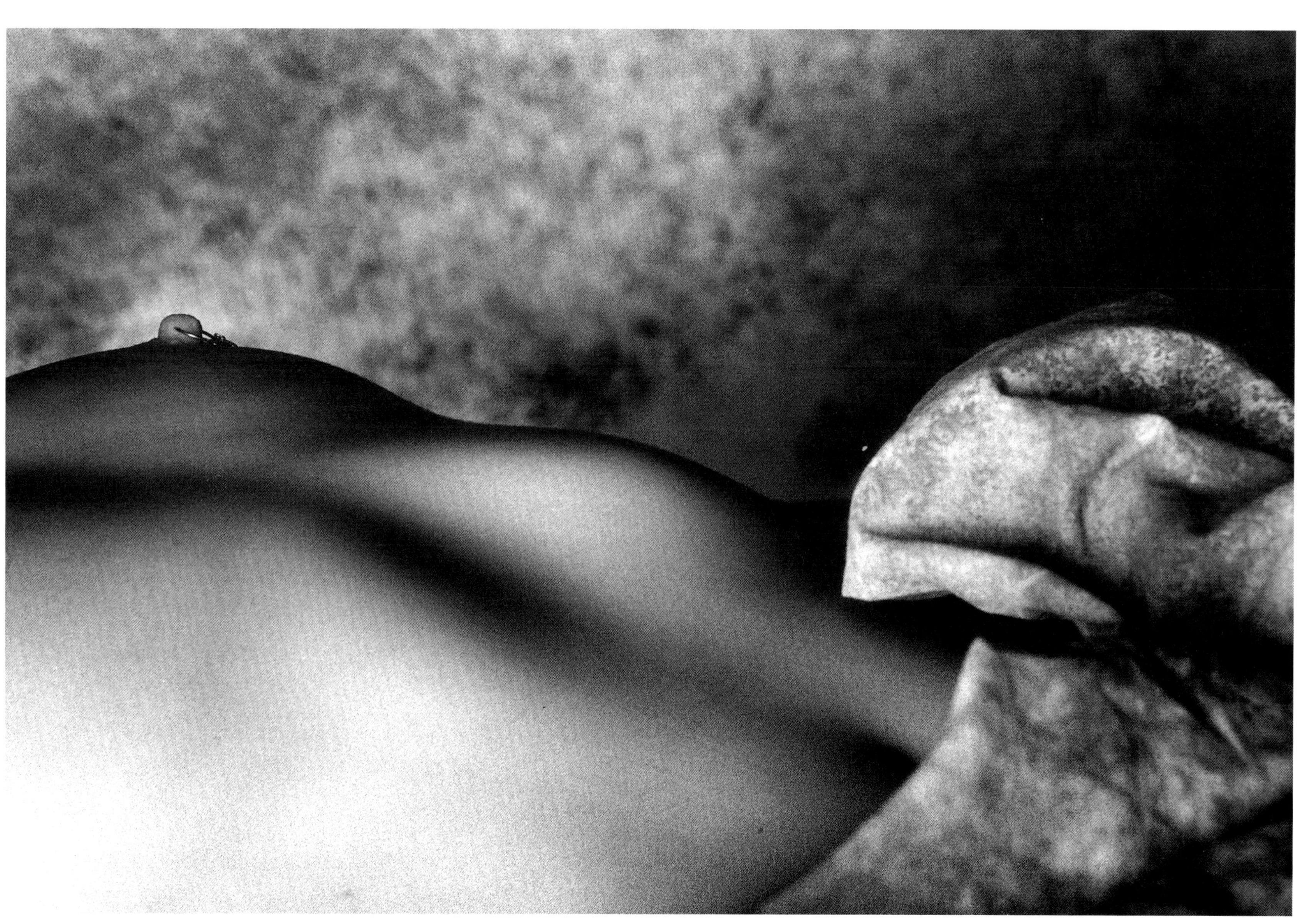

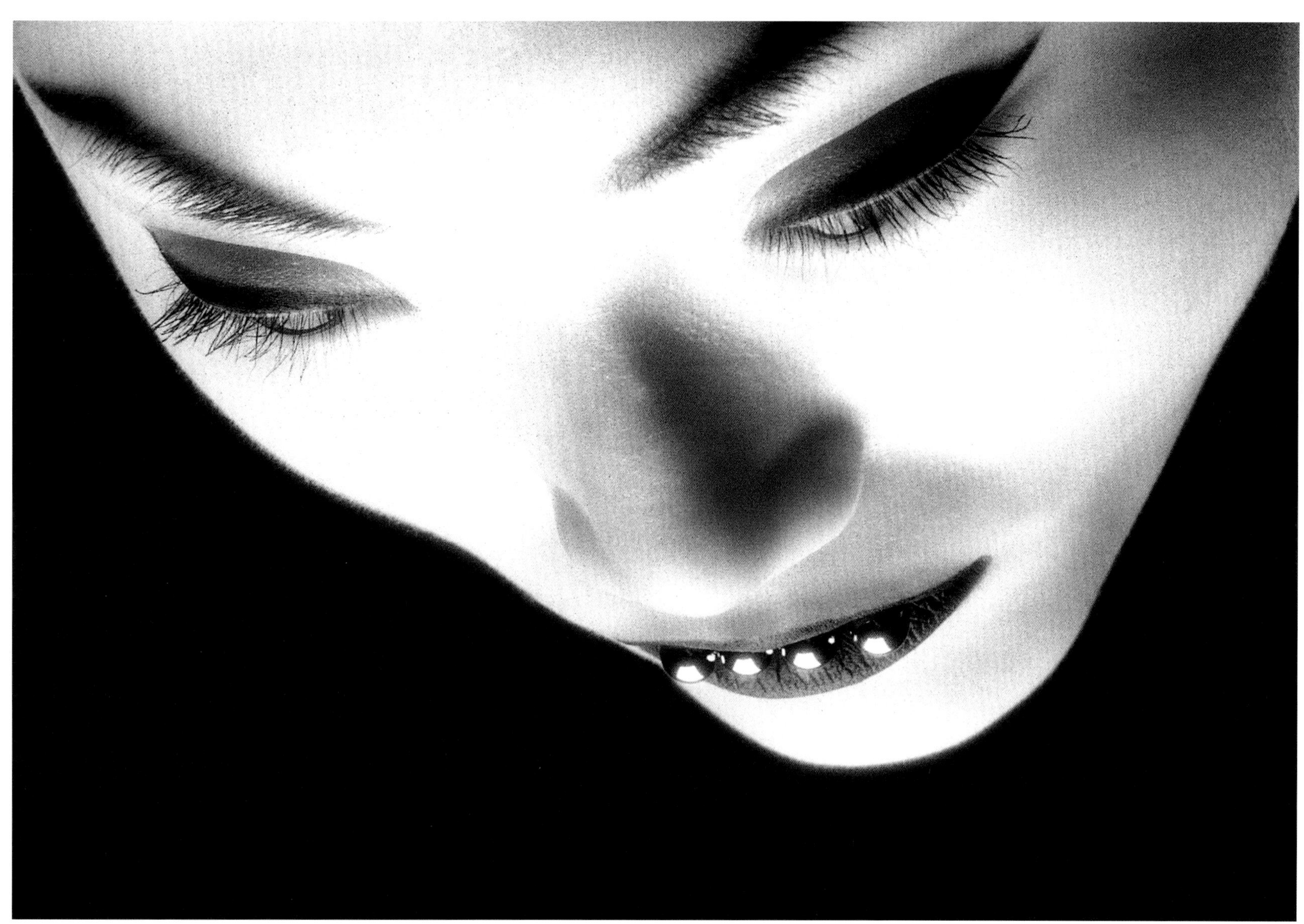

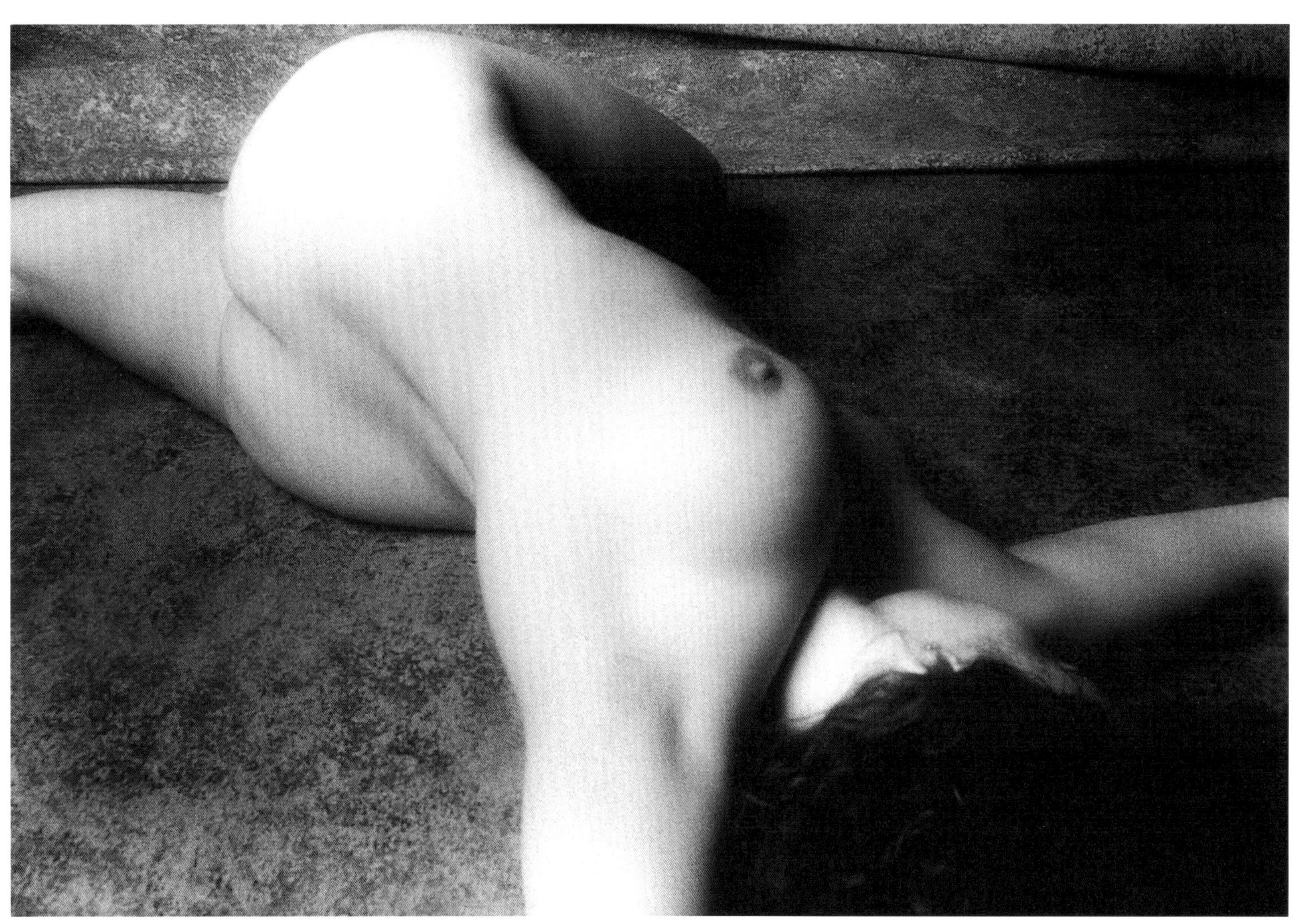

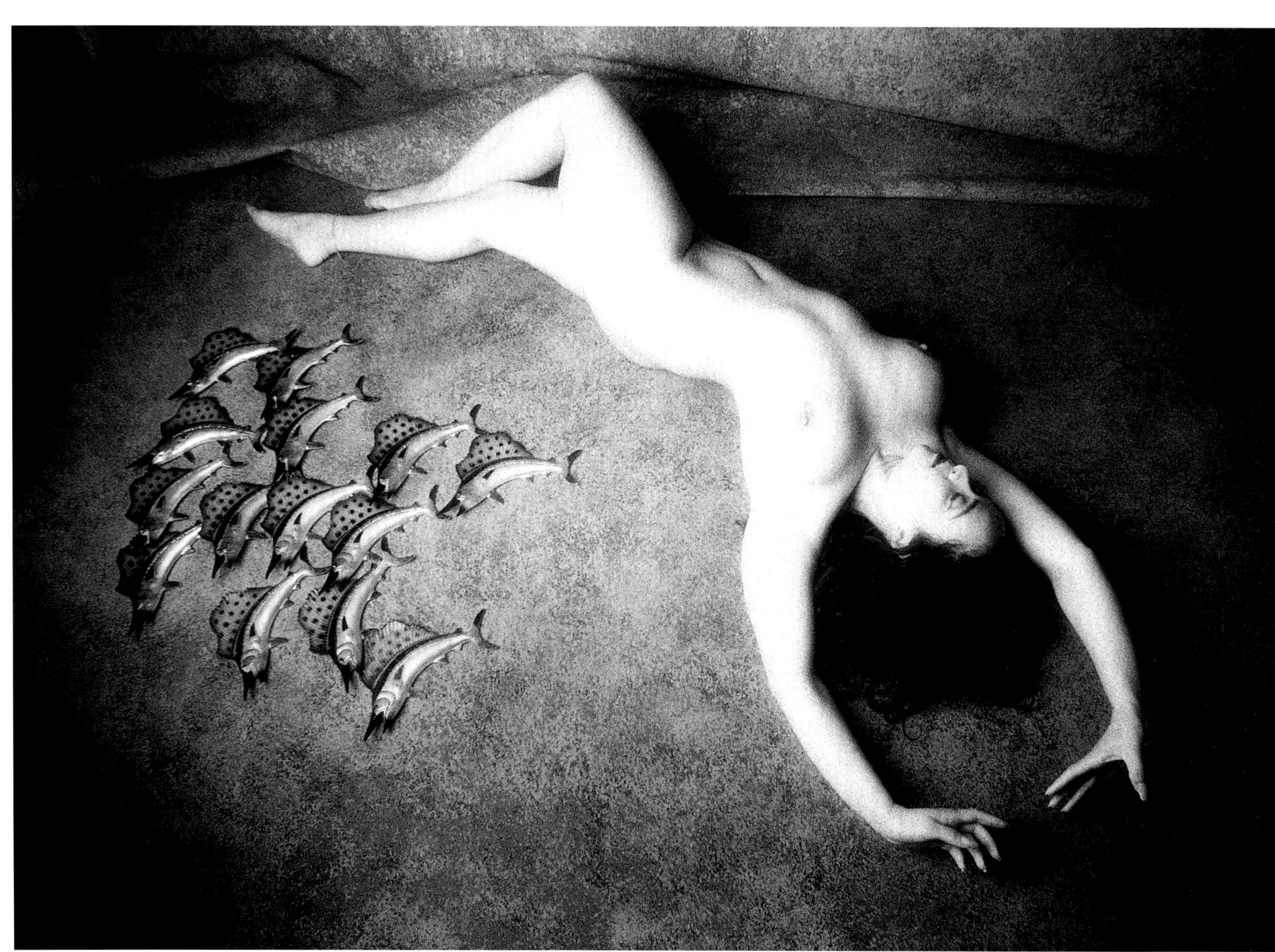

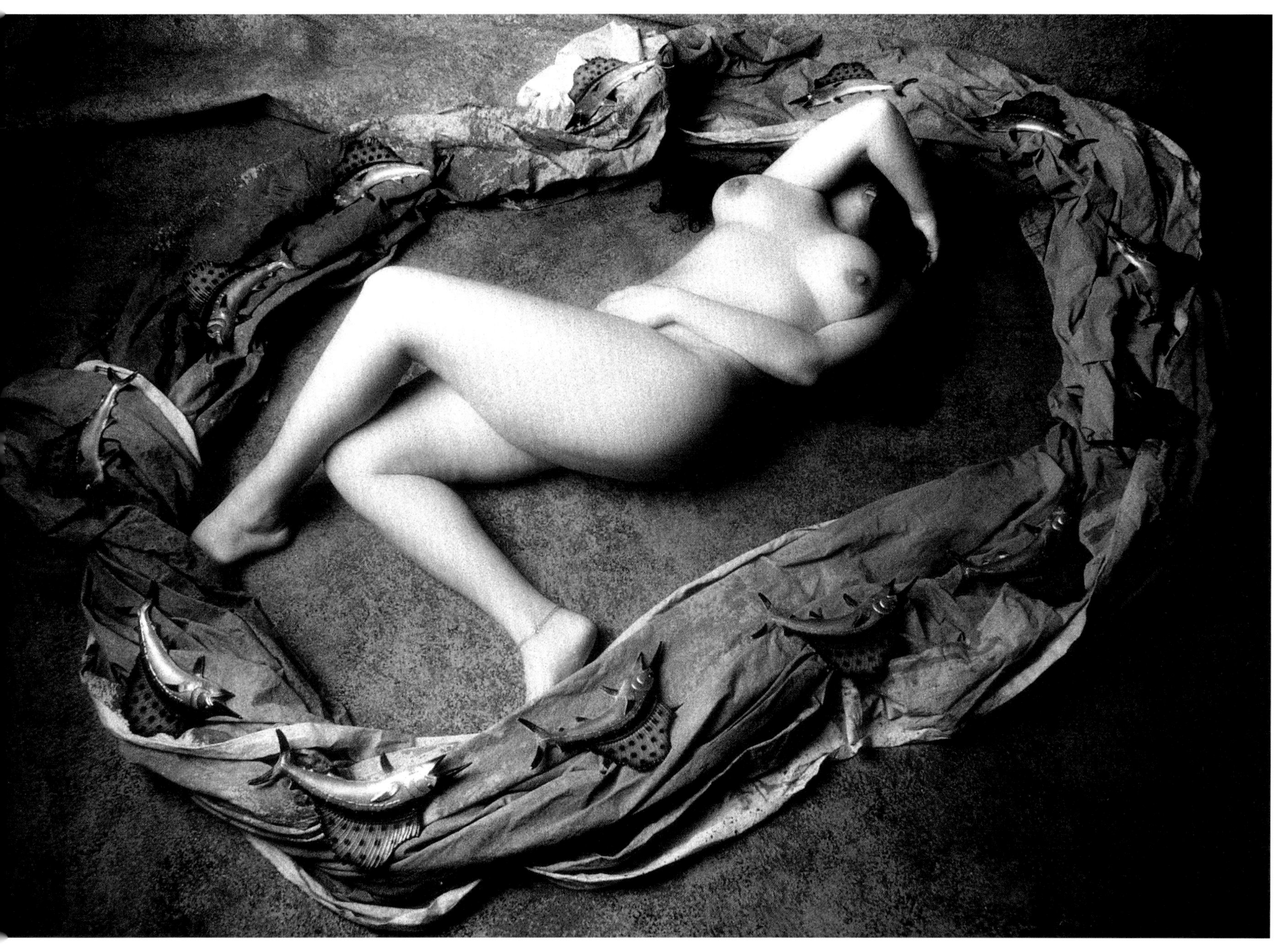

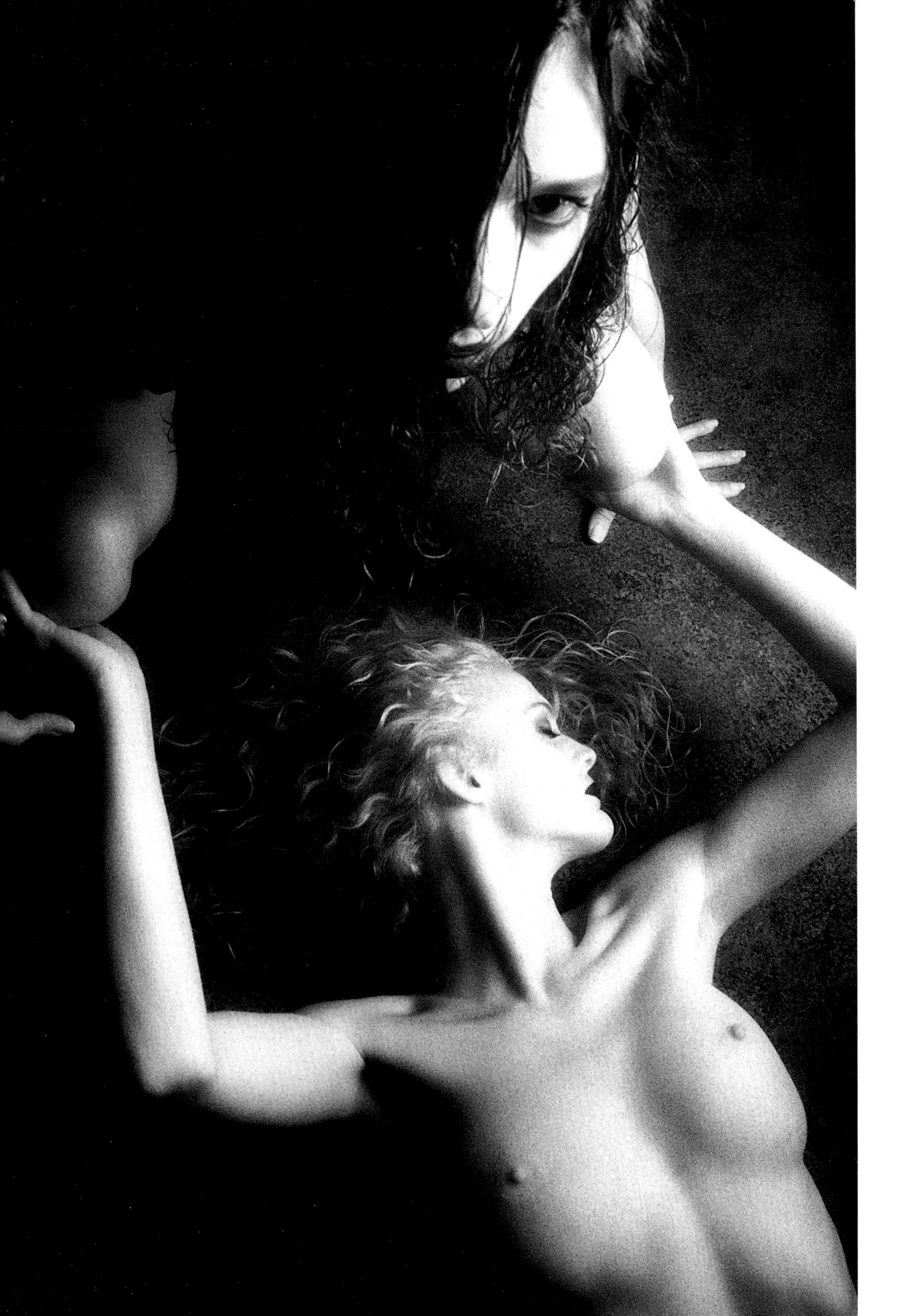

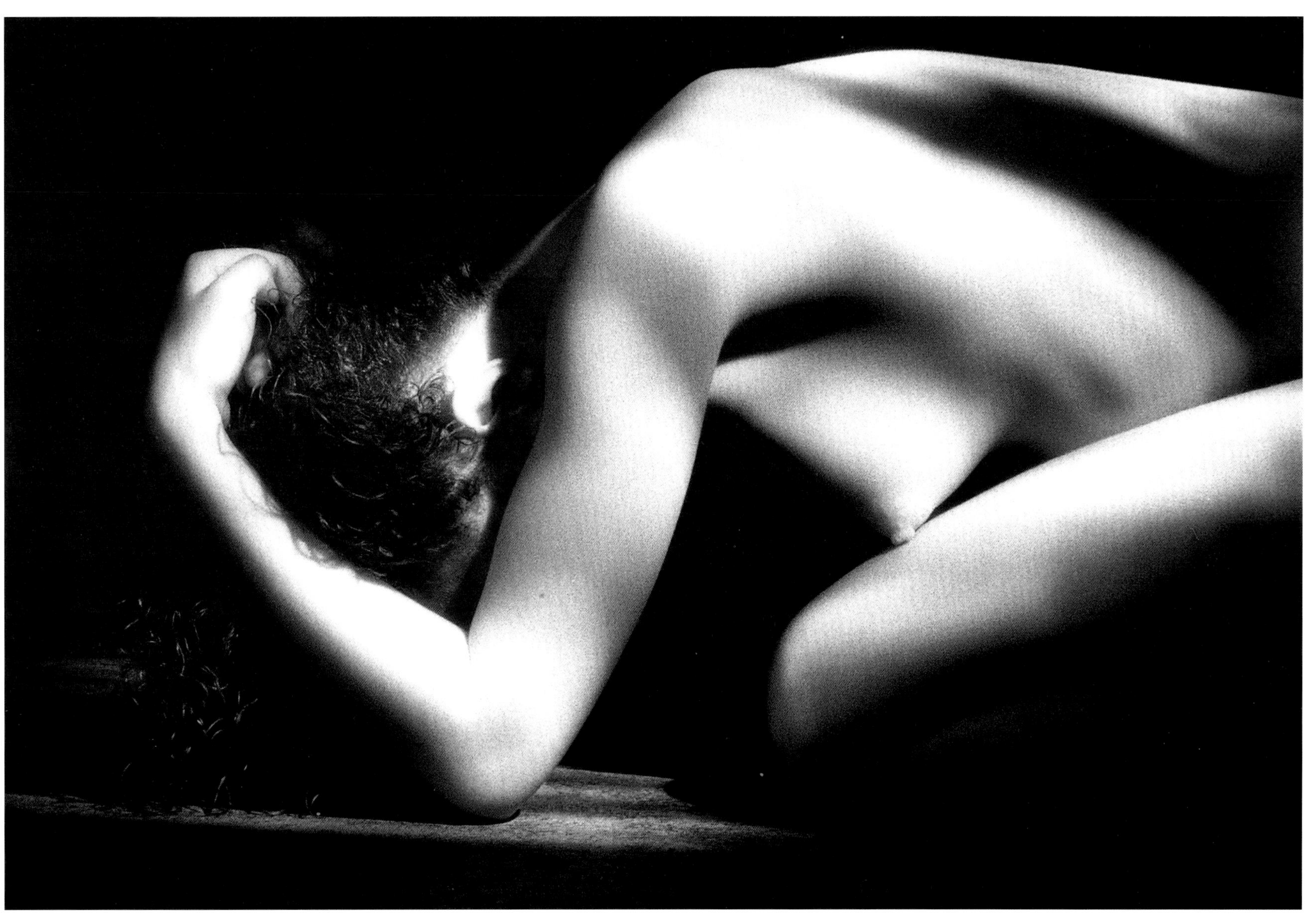

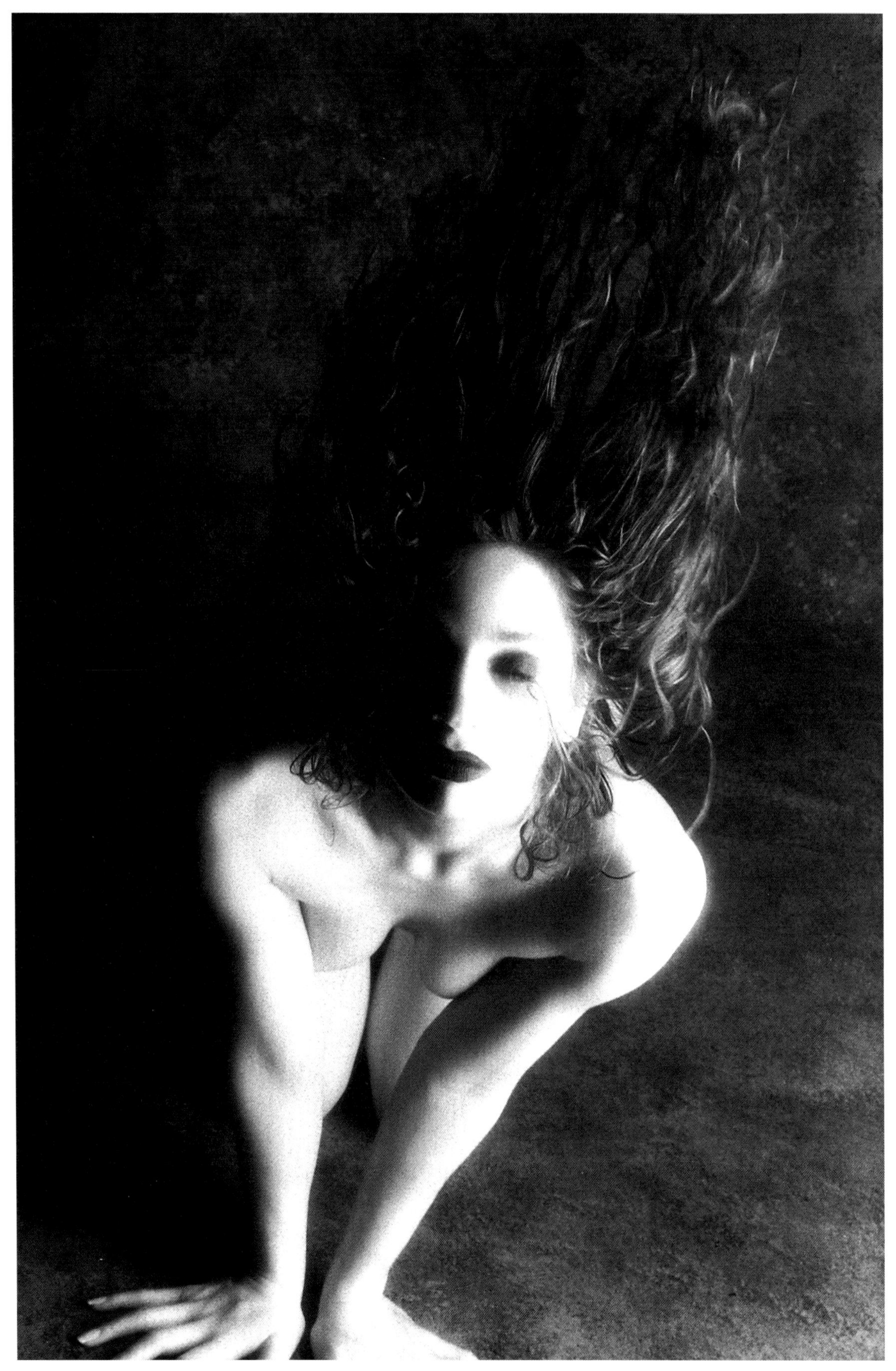

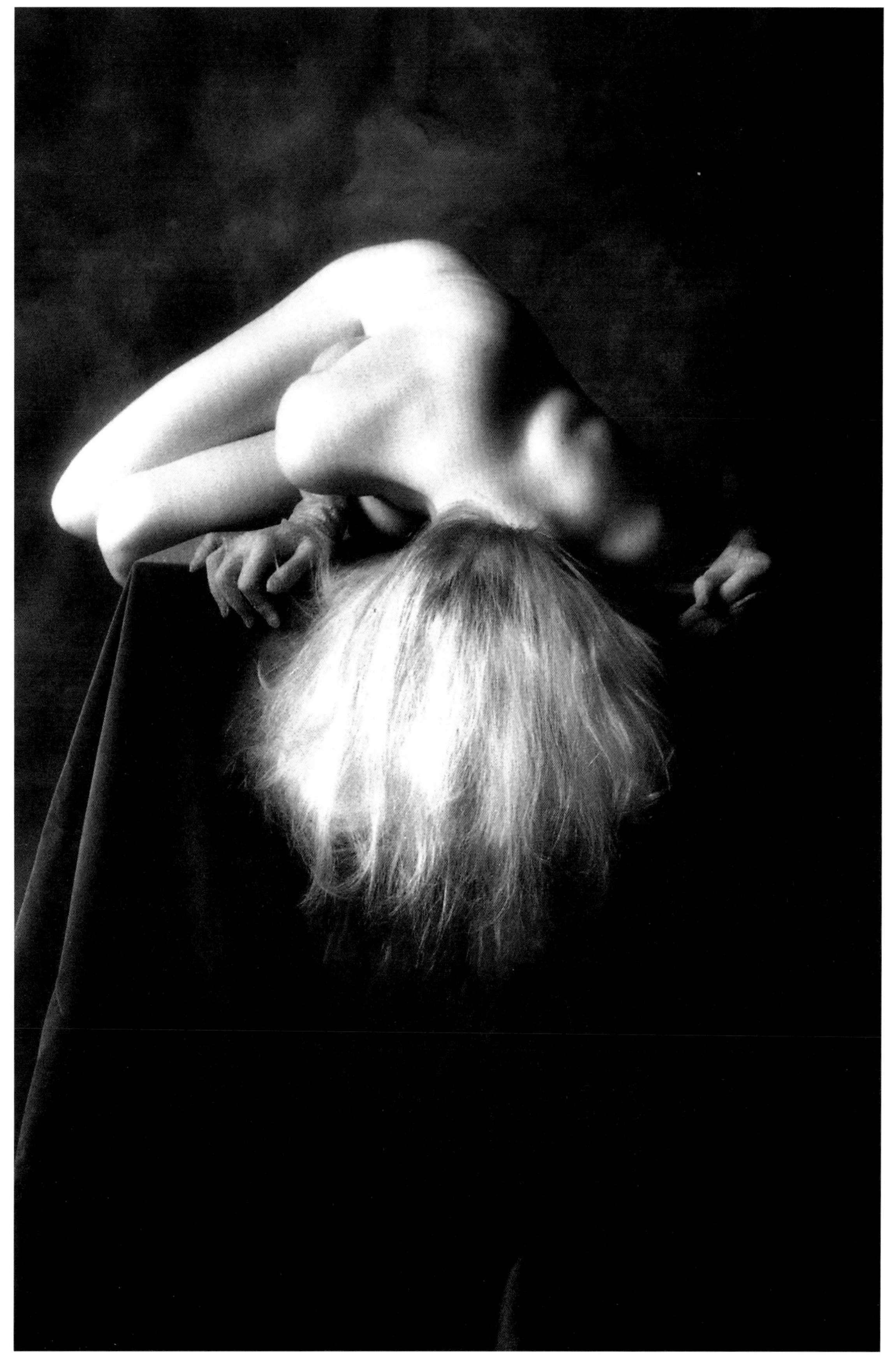

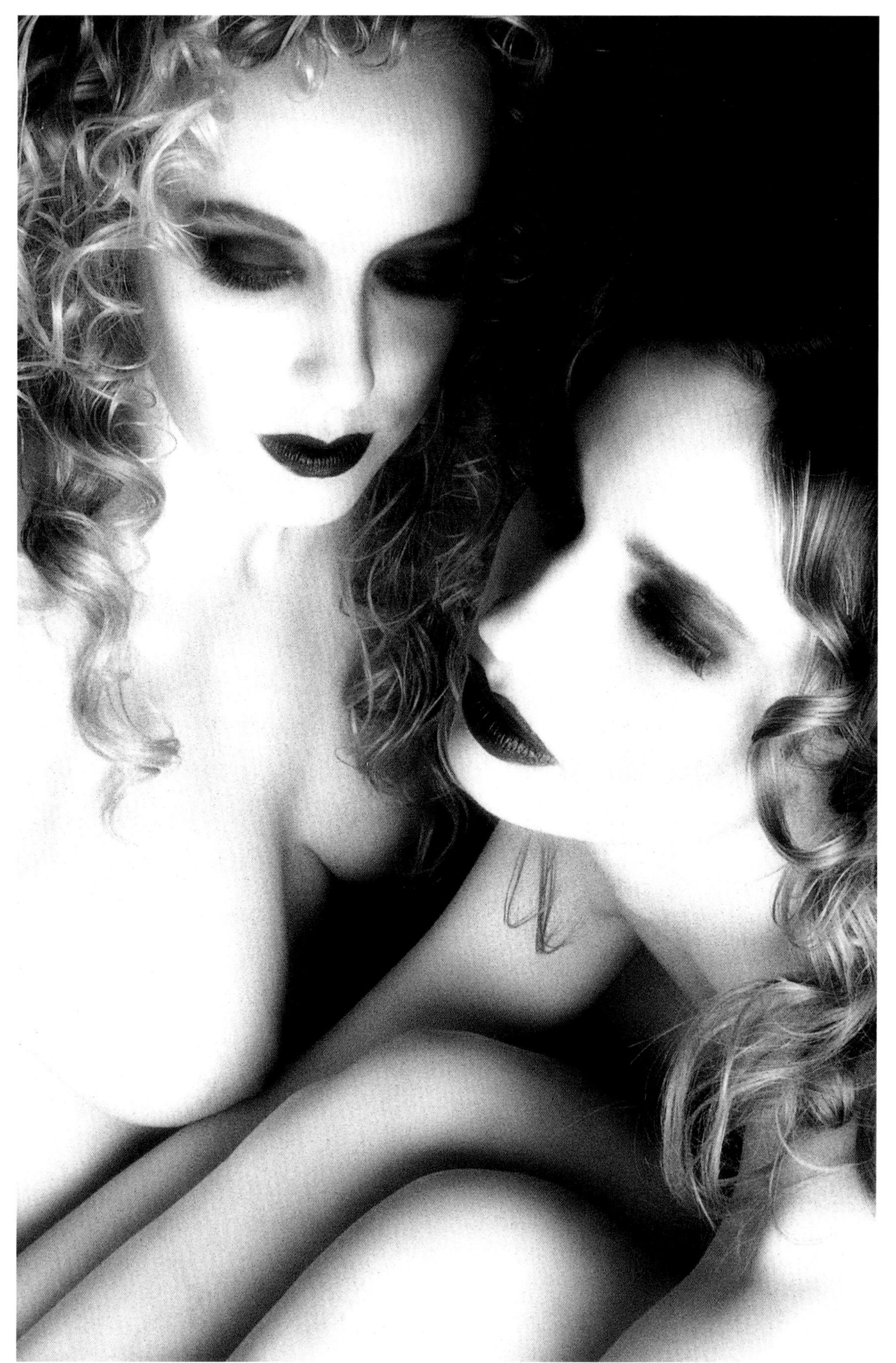

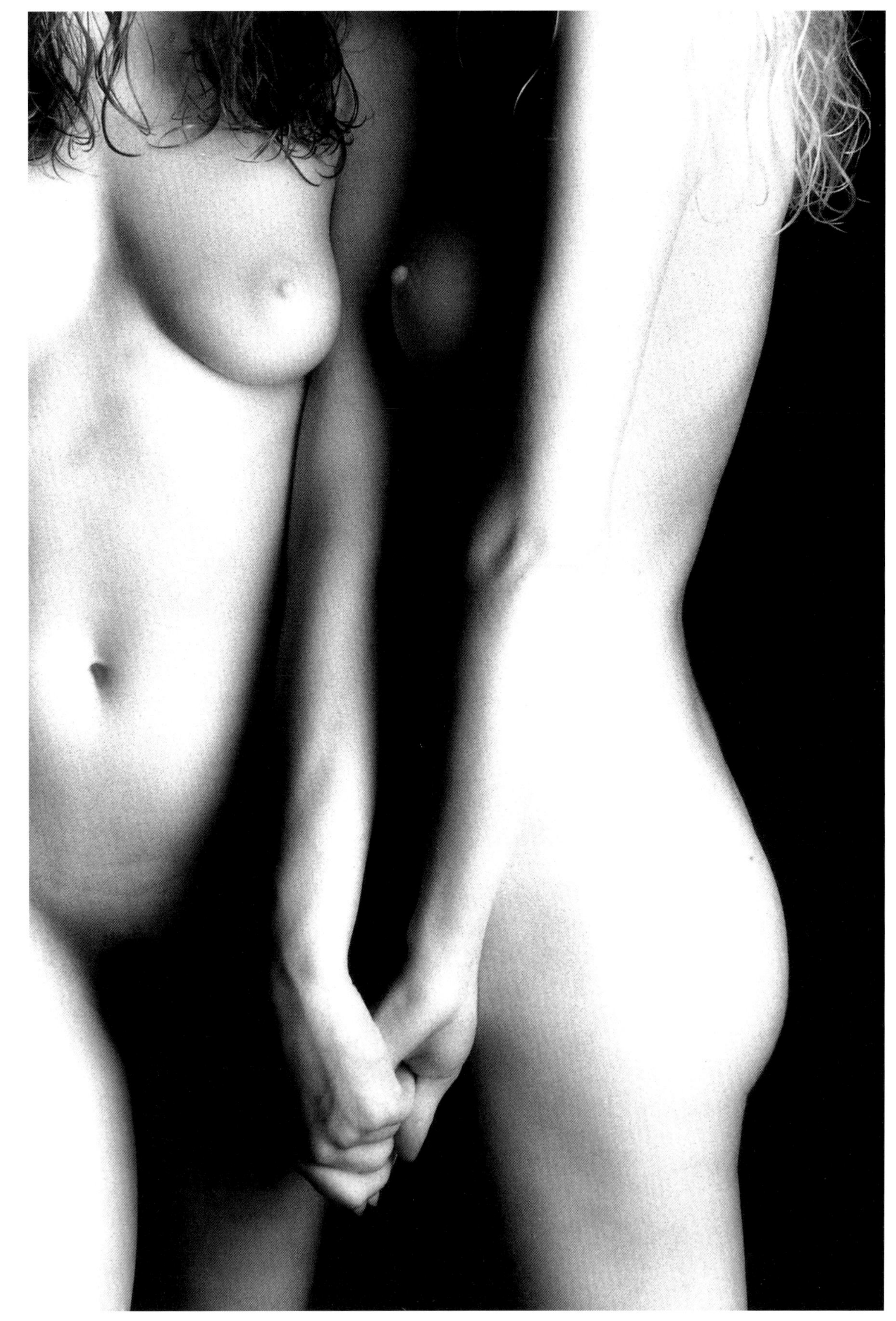

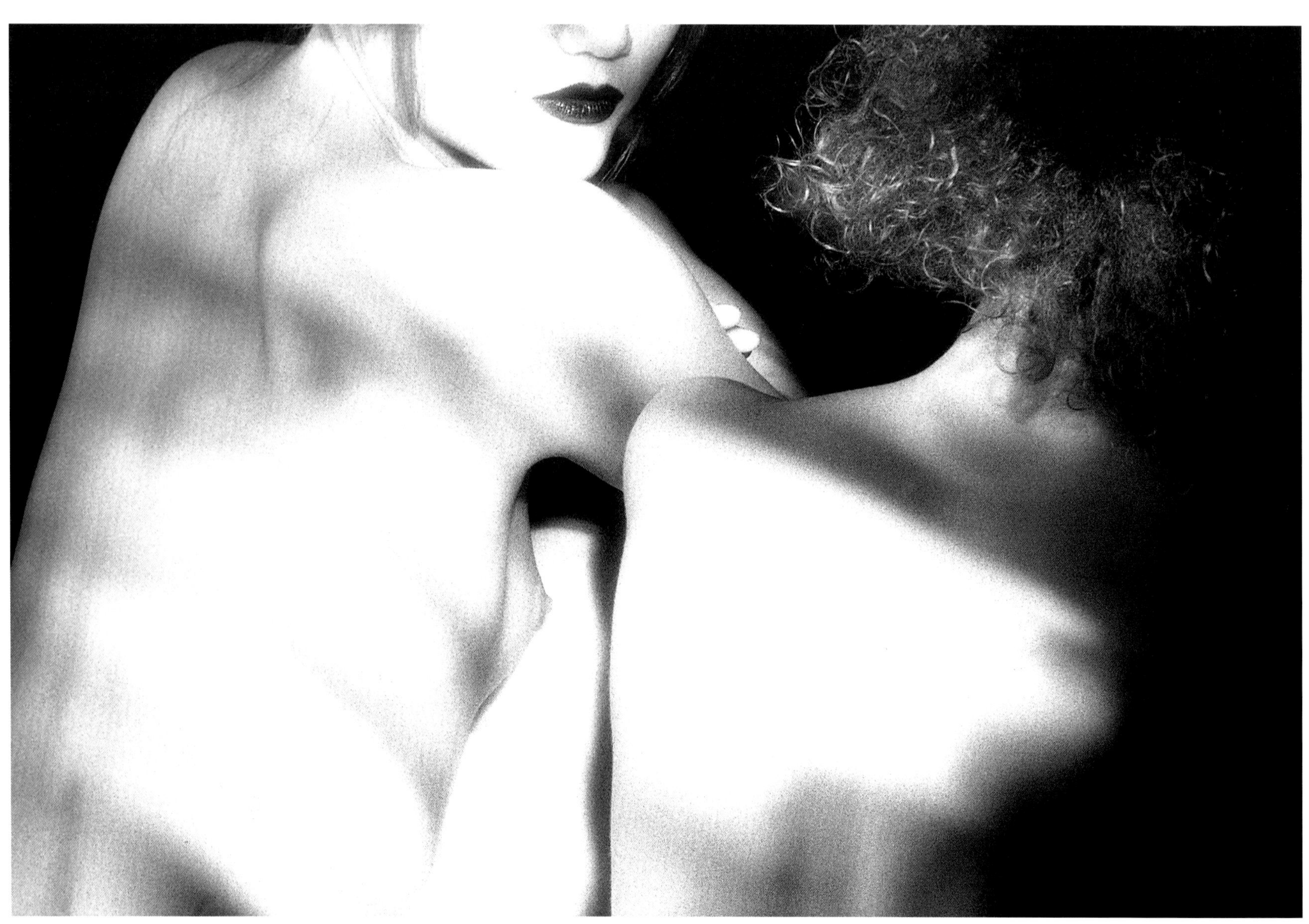

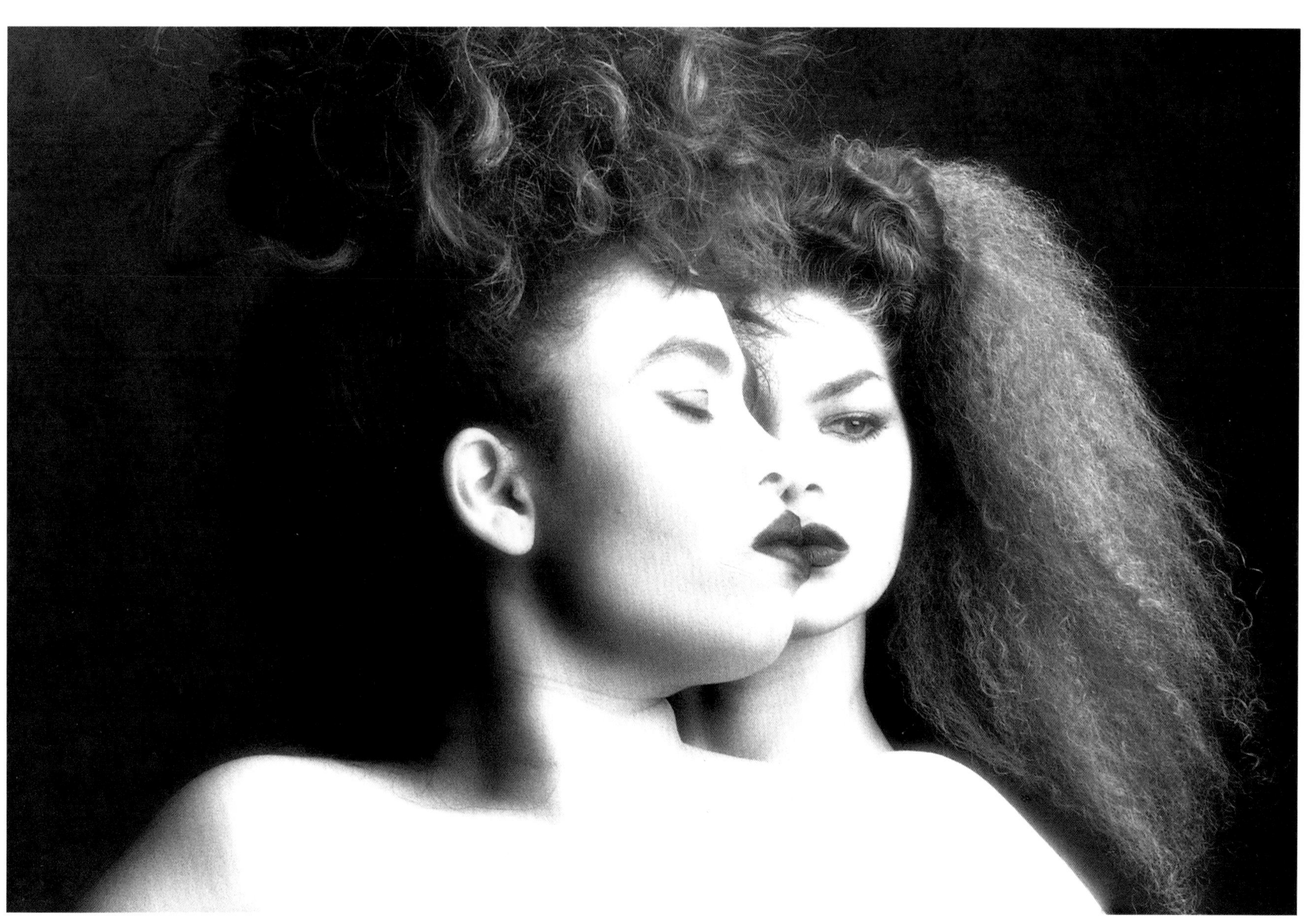

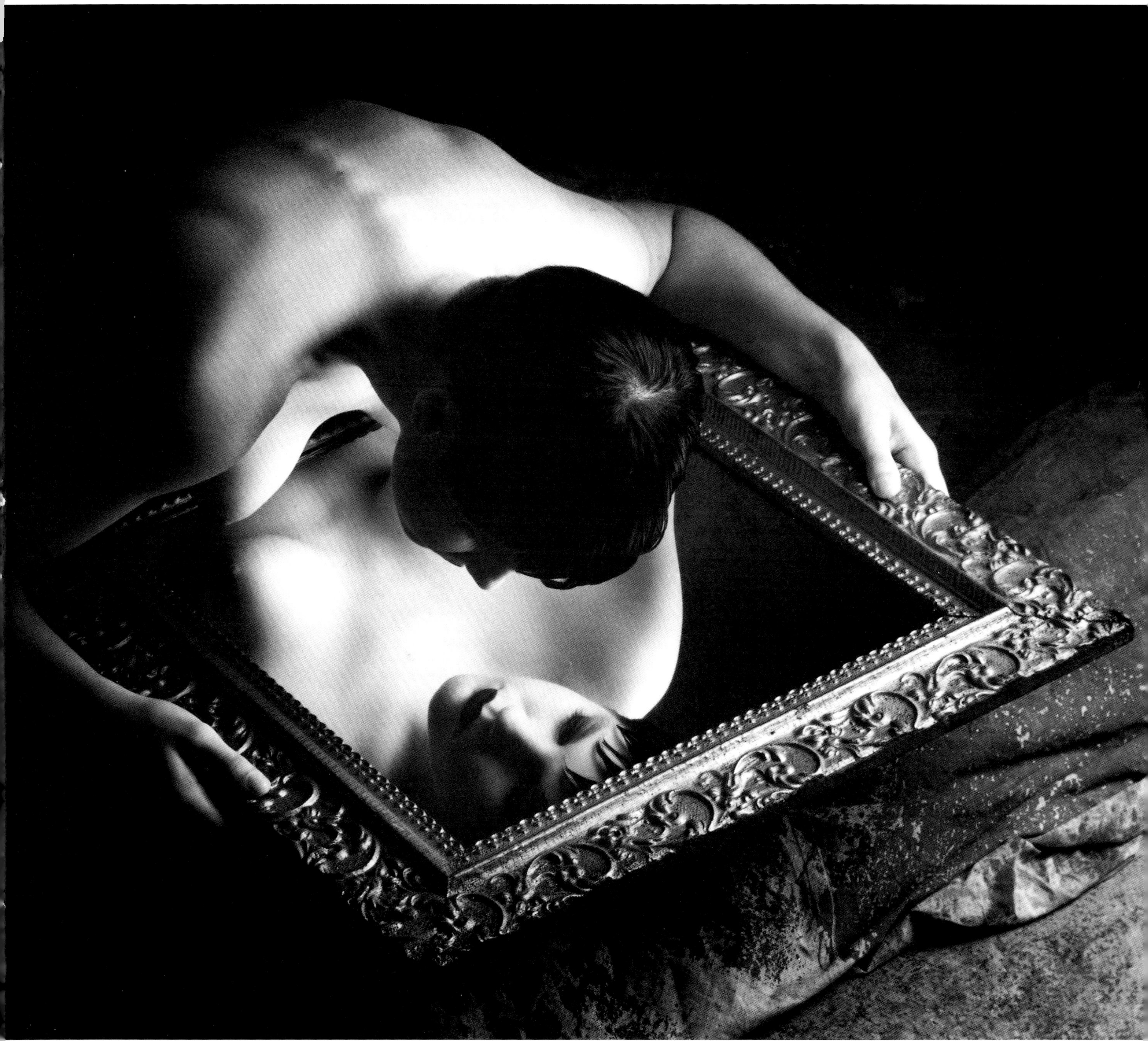

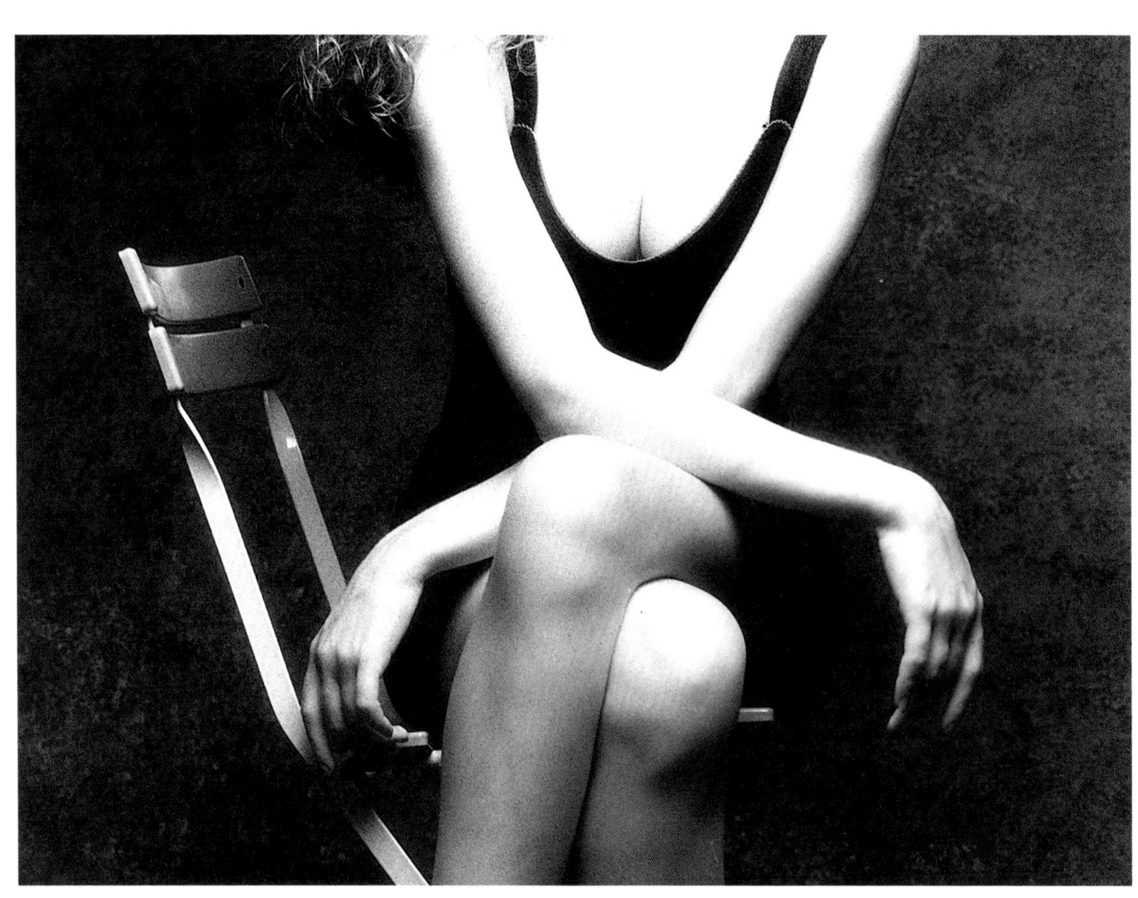